Zeit
für die
Seele

Norbert Lechleitner

Zeit für die Seele

*100 überraschende
Weisheitsgeschichten,
die jeden Tag
ein wenig
sonniger machen*

HERDER

FREIBURG · BASEL · WIEN

Inhalt

I. Die Zeichen erkennen

1 Einträglich 7
2 Vergeltung 9
3 Positiv 10
4 Fähigkeiten 11
5 Ökonomisch 12
6 Offensichtlich 14
7 Gleichgewicht 15
8 Sprachlos 17
9 Unverändert 18
10 Verständigung 19
11 Vorausschauend 20
12 Reklamation 21
13 Standpunkt 22
14 Missgunst 23
15 Schulung 24
16 Dickfellig 25
17 Beherzt 28
18 Entfernungen 30
19 Fremd 31
20 Abbild 32
21 Beweis 33
22 Effektiv 34
23 Gelassen 36
24 Bitte 37
25 Relativ 38
26 Sicher 39
27 Heldenhaft 40
28 Praktisch 43
29 Bohnen 44
30 Einfachheit 45
31 Verdächtig 46

II. Zukunft wird aus Träumen gemacht

32 Perspektive 47
33 Vorankommen 49
34 Vordergründig 50
35 Traumhaft 51
36 Teddys 55
37 Stillstand 56
38 Konzentration 58
39 Unbezahlbar 59
40 Gerecht 61
41 Theorie 63
42 Abrechnung 67
43 Bemerken 69
44 Kostbar 70
45 Geheim 73
46 Wunschlos 74

III. Das Gewicht der Welt

47	Belastend	75
48	Problem	76
49	Schmerz	77
50	Gepackt	78
51	Loslassen	79
52	Trauerarbeit	80
53	Botschaft	82
54	Verlockend	84
55	Herzlich	85
56	Vereint	87
57	Anfang	88
58	Wertvorstellung	89
59	Betreffend	90
60	Ratschläge	91
61	Feinfühlig	95
62	Wozu?	96
63	Betrachtungsweise	97
64	Eingesperrt	98
65	Wahrnehmung	100
66	Weiterleben	101
67	Quelle	103
68	Begeisterung	104
69	Fasten	105
70	Leiden	106
71	Entsagung	107
72	Wurzeln	109
73	Lösung	111
74	Kursänderung	112

IV. Das Herz versteht's

75	Offenhalten	113
76	Leicht	115
77	Souverän	116
78	Grundsätzlich	117
79	Verwirrt	118
80	Unwesentlich	119
81	Tonangebend	120
82	Unglaublich	121
83	Kreuzschmerzen	123
84	Getragen	125
85	Schwierig	126
86	Reinwaschen	127
87	Ersatz	128
88	Unverkäuflich	129
89	Boten	130
90	Fürsorge	132
91	Lebenslauf	133
92	Unabhängig	134
93	Suche	135
94	Befreiung	136
95	Gewohnheit	137
96	Erkenntnis	138
97	Wissen	139
98	Echt	140
99	Argument	142
100	Lehre	143

Ein Wort zuvor

Wahre Schönheit kommt von innen. Das ist eine unvergängliche menschliche Weisheit. Wie wäre es, statt den Werbesprüchen, die uns Mittel zur äußeren Verschönerung anbieten, dem alten Menschheitswissen zu vertrauen und etwas für die innere Schönheit zu tun? Statt nur den Körper zu umsorgen, lieber auch die Seele zu pflegen?

Die in diesem Buch versammelten Weisheitsgeschichten helfen Ihnen dabei. Sie sind die Vitamine, die Ihre Seele erfrischen, aufbauen, stärken und befreien. Ihre Wirkung ist seit Jahrhunderten erprobt und bewährt.

Die Weisheitsgeschichten haben ihre Wurzeln in der vorbuddhistischen Zeit Indiens, im alten China, in Japan, in den Ländern des frühen Islam und im Judentum. Sie wanderten durch die alten Kulturen und durch unser Mittelalter und wurden als Lehrgespräche, Gleichnisse, Parabeln und Fabeln, als japanische Zen-Koans oder in den Schriften der christlichen Wüstenväter, sogar in Schwänken und Anekdoten ständig anders und neu erzählt. Die Zusammensetzung änderte sich, das lebenswichtige Vitamin blieb. Als positive Anreger wirken sie auf Geist und Seele und helfen zur Freude des Herzens, die unerlässlich ist, damit der ganze Mensch, nicht nur der Leib, heil werde.

Für unsere Zeit habe ich in diesem Buch einhundert Geschichten neu erzählt und sie in der Darreichung angepasst. Jede Geschichte hat ihre eigene Botschaft und besondere Wirkung: Manche regen das Nachdenken an, andere sprechen zum Gefühl, einige stimulieren die Lachmuskeln (und verdecken vielleicht eine metaphysische Frage), viele machen Mut – doch jede ist eine Wohltat für die Seele.

Gönnen Sie Ihrer Seele mit diesen Geschichten ab und zu eine kleine Erfrischung, und der Tag sieht gleich viel sonniger aus.

Bei Risiken und Nebenwirkungen fragen Sie Ihren Partner, Pfarrer oder Therapeuten.

Norbert Lechleitner

I. Die Zeichen erkennen

1 Einträglich

In allen Reiseführern wurde das kleine, idyllisch in der Bucht gelegene Dorf als echter „Geheimtipp" empfohlen, und die Gäste kamen in Scharen. Auf den Restaurantterrassen und in den Straßencafés genossen sie den herrlichen Ausblick auf das Meer, lobten die fangfrischen Meeresfrüchte, erfreuten sich am herben Wein der Gegend und waren für ein paar Stunden davon überzeugt, das hier das gute Leben zu Hause sei. Dabei übersahen sie geflissentlich die harte Arbeit der Familien, die in der Sommerhitze schufteten, damit die Touristen es sich gut gehen lassen konnten. Die Einheimischen aber klagten nicht. Sie waren froh, dass ihr kleiner Ort zu gewisser Berühmtheit gelangt war und ihnen im Sommer die Einkünfte ermöglichte, die ihnen das Überleben in den übrigen acht Monaten des Jahres sicherten. Und seit ein Reiseführer sich bemüßigt gefühlt hatte, über den Ort etwas Neues und Originelles berichten zu wollen, war sogar ihr Dorftrottel weit über den Ort hinaus bekannt geworden und hatte sein Auskommen gefunden.

Der Reiseführer hatte nämlich berichtet, dass das Dorf romantisch sei, der Ausblick sei großartig, das Essen hervorragend und die Preise so günstig, dass sogar Mirco, der Dorftrottel, lieber die 25-Para-Münze als die 50-Para-Münze nähme, weil die nämlich größer sei als das kleinere Geldstück im Wert eines halben Dinars.

Und so machten sich viele Gäste einen Spaß daraus, nach der guten Küche auch noch den Mirco auf die Probe zu stellen. Der war immer in der Nähe der Restaurants anzutreffen, und wenn ein Gast ihn rief: „He, Mirco, komm' mal her!", ihm die zwei verschiedenen Münzen zur Auswahl hinhielt, dann in lautes Gelächter ausbrach, und Mirco dümmlich grinste, dann wollten auch die anderen Gäste die Probe aufs Exempel machen. Und ganz sicher nahm der Dorftrottel die große Münze, die nur den halben Wert der kleinen hatte.

Und auch die Einheimischen schmunzelten. Denn im Winter, als die Fremden weg waren und die Männer des Dorfes sich und auch dem Mirco ein Gläschen Wein gönnten, hat der Wirt ihn gefragt, warum er denn die kleine Münze nähme, wenn er doch die andere mit doppeltem Wert ebenso leicht haben könne.

„Nun ja", hat Mirco geantwortet und nahm erst noch einen tiefen Schluck, „so bescheuert bin ich nun auch wieder nicht, dass ich mir das Geschäft dadurch verderbe, dass ich das wertvollere Geldstück nehme. Statt zwei Münzen zur Auswahl würde man mir nicht mal eine einzige Para anbieten."

2 Vergeltung

Der Meister wurde von einem reichen Bürger zum Essen in dessen Haus geladen. Als er jedoch zur bestimmten Zeit dort eintraf, empfing ihn ein aufgebrachter Hausherr. Den Grund konnte der Meister nicht erkennen, noch weniger, warum der Gastgeber mit den Zähnen knirschte und ihm Flüche an den Kopf warf.

Doch der Meister grüßte freundlich und fragte den verärgerten Mann: „Sage mir, empfängst du öfter Gäste in deinem Haus?"

„Ja, natürlich! Wir lieben es, Gäste zu haben und die Gastfreundschaft zu pflegen."

„Und wie bereitet ihr euch gewöhnlich darauf vor?"

„Nun, mit köstlichen Speisen und erlesenen Weinen, feinem Tuch und Geschirr und hübschem Blumenschmuck."

„Aber was macht ihr, wenn die Gäste plötzlich verhindert sind und der Einladung nicht folgen können?"

„Ja, dann freuen wir uns und essen alles selber auf."

„Nun, du hast mich zum Essen eingeladen und mich sehr unfreundlich empfangen. Ich will nicht Gleiches mit Gleichem vergelten, denn Unfreundliches kann nicht durch Unfreundliches, Hass nicht durch Hass überwunden werden. Da hilft nur Großherzigkeit, und darum will ich dir eine Freude machen: Da ich mich nicht in der Lage sehe, deine Einladung nach diesem ungastlichen Empfang anzunehmen, dürft ihr alles alleine essen."

3 Positiv

Nach tagelangem Ritt kam der Reisende in eine Stadt, die ihm völlig unbekannt war. Ihre Bewohner trugen fremdartige Kleidung in leuchtenden Farben, und ihre Sprache war mit seltsamen Lauten durchsetzt. Ockergelb, blau oder rot waren ihre Häuser gekalkt, und der Basar war mit Waren wohl gefüllt.

Der Reisende wurde des Schauens nicht müde. Er hatte sich bei einem Wasserverkäufer erfrischt, doch als er an einem Stand mit Leckereien vorbeikam, verspürte er auf einmal eine unbändige Lust auf Süßigkeiten. Und je länger seine Augen sich an den Köstlichkeiten nicht satt sehen konnten, desto größer wurde sein Verlangen. Es zuckte ihn in den Fingern, und schon hatte er sich eine Kugel aus Honig, Zucker und Kokosraspeln in den Mund gesteckt. Schokolade und geröstete Mandeln folgten. Als er eigentlich schon genug hatte, noch genüsslich kaute und gerade nach den kandierten Früchten greifen wollte, schlug ihm der Händler mit dem Bambusstöckchen auf die Finger. Und wieder klopfte ihm der Händler, nun schon weniger sanft, auf die Finger, als er sie nach den Korinthen ausstreckte.

„Wie wunderbar ist doch diese Stadt!", rief da der Reisende begeistert aus. „Wenn man keine Süßigkeiten essen will, wird man mit dem Stock dazu gezwungen!"

4 Fähigkeiten

Als der Meister einmal einen Vortrag hielt, zu dem sehr viele Zuhörer gekommen waren, wurde er mitten in der Rede von einem Zuhörer unterbrochen, der ihn aus Missgunst öffentlich bloßstellen wollte.

„Mein Meister hat sehr viel größere Fähigkeiten als du!", rief er. „Mein Meister kann aus der Kristallkugel lesen, durch Handauflegen heilen, und wenn ihm danach ist, wirft er ein Seil in die Luft und steigt daran zum Himmel hinauf, um sich mit den höheren Mächten zu beraten. Und welche Wunder kannst du tun, der du hier gelehrte Reden hältst?"

„Wenn ich hungrig bin, dann esse ich, wenn ich müde bin, dann schlafe ich", sagte der Meister.

5 Ökonomisch

Die Bucht war traumhaft schön, aber der Weg dorthin war eine einzige Strapaze, die nur mit dem Geländewagen zu bewältigen war. Ich hatte dort für ein Planungsvorhaben umfangreiche Landvermessungen durchzuführen und rumpelte fast jeden Tag erst über vom Monsun tief ausgewaschene Karrenwege, dann querfeldein über Schotter und Geröll und durch dürres Gestrüpp.

Als ich eines Abends in das Dorf mit dem einzigen kleinen Hotel der Gegend zurückfuhr, kam der Wagen ein wenig ins Rutschen und riss sich an einem Felsbrocken den Auspuff halb ab. Mit einem Stück Draht befestigte ich ihn notdürftig und fuhr mit lautem Gedröhn weiter.

Im Dorf schien von dem Lärm niemand Notiz zu nehmen, und auch als ich die kleine Autowerkstatt erreichte, hob der Besitzer, der rauchend vor seinem Haus saß, nicht einmal den Kopf. Ich ging zu ihm und fragte, ob er den Auspuff reparieren könne.

Er nickte.

Ob er die Arbeit gleich morgen durchführen könne? Es sei sehr dringend, erklärte ich mit Nachdruck.

Er drehte langsam den Kopf und rief über die Schulter ins Haus: „Wie viel Geld haben wir noch?"

Tür und Fenster standen wegen der Abendbrise offen, und ich hörte drinnen seine Frau hantieren, die ihm eine Summe zurief.

„Morgen nicht", sagte er. „In zwei, drei Wochen."

Aber das sei unmöglich, er könne mich doch nicht so hängen lassen, schließlich sei ich auf den Wagen angewiesen, ereiferte ich mich, denn es fiel mir immer noch nicht leicht, mit der Behäbigkeit dieser Menschen klarzukommen.

„Sie werden verstehen, Mister", bequemte er sich zu einer Antwort, „wenn wir noch so viel Geld haben, werde ich doch jetzt nicht arbeiten. Und außerdem fährt ihr Wagen ja noch!"

Was soll man dazu noch sagen?

6 Offensichtlich

Omar war ein Schmuggler. Das wusste jeder im Grenzgebiet. Nur hatte man ihn nie auf frischer Tat ertappen können. Wenn Omar wieder einmal auf seinem hoch beladenen Esel zur Grenze geritten kam, untersuchten die Zöllner seine Körbe und seine Kleidung mit größter Sorgfalt. Aber meist fanden sie nur ein paar Datteln oder Berge von Stroh, die sie regelrecht zerpflückten, freilich ohne etwas Verbotenes darin zu finden.

„Warte nur, Bursche, wir erwischen dich noch", knurrten sie mürrisch, wenn sie ihn wie immer passieren ließen. Gleichzeitig wurde Omar immer reicher, und das stachelte ihren Ehrgeiz noch mehr an, denn niemand konnte sich erklären, wie er sich das gute Leben leisten konnte, das er sich gönnte.

Als Omar genügend Geld verdient hatte, zog er in das Nachbarland. Er baute sich ein großes Haus mit einem prächtigen Garten und lebte dort angenehm und zufrieden.

Eines Tages traf er in einem Kaffeehaus in seiner neuen Heimat einen der Zollbeamten, die ihn stets der genauesten Prüfung unterzogen hatten.

„Nun, heute, da ich pensioniert bin, und ich dir auf dieser Seite der Grenze ohnehin nichts anhaben kann, kannst du mir ja verraten, was du damals geschmuggelt hast", bat ihn der Zöllner.

„Esel", sagte Omar.

7 Gleichgewicht

Ein Bauer und ein Bäcker hatten eine Abmachung getroffen: Der Bauer bezog vom Bäcker das Brot und der von ihm die Butter, jeweils geliefert in Stücken von drei Pfund Gewicht. Dieser Warenaustausch funktionierte seit Jahren reibungslos.

Nun wurde der Bäcker plötzlich den Verdacht nicht mehr los, dass die Butterstücke nicht mehr ihr gewohntes Gewicht hatten. Er legte ein Stück auf die Waage, und siehe da: Es fehlte wenigstens ein halbes Pfund am vereinbarten Gewicht! Und nicht nur bei einem Stück Butter, sondern bei jedem Stück der letzten Lieferung.

Erbost fuhr er zum Bauer und beschuldigte ihn des Betrugs. Der Bauer aber war sich keiner Schuld bewusst und sagte nur, er habe alles immer so gemacht wie seit Jahren, und daran habe er nichts verändert.

„Wir sehen uns vor Gericht", rief wütend der Bäcker und fuhr eilends zum Richter, um den Bauern zu verklagen.

Der Richter ließ den Beschuldigten zum Verhör vorführen.

„Es freut mich, dass du so gelassen bist", sagte er zum Bauern, „aber mit der Anklage des Bäckers ist nicht zu spaßen. Die Waage hier zeigt eindeutig, dass deine Butterstücke nur zweieinhalb Pfund wiegen und nicht, wie du mit dem Bäcker vereinbart hast, drei Pfund."

„Das überrascht mich allerdings auch", erwiderte der Bauer, „aber ich schwöre, dass ich wirklich alles genau so mache, wie ich es seit Jahren getan habe, und niemals hat sich der Bäcker beklagt."

„Aber es ist nun einmal eine Tatsache, dass jeweils ein halbes Pfund fehlt. Vielleicht ist deine Waage kaputt, oder du hast falsche Gewichte genommen?"

„Meine Waage ist zwar alt, aber so einfach gebaut, dass da eigentlich kein Teil entzwei gehen kann, ohne dass ich es bemerken würde. Und Gewichte habe ich zum Butterwiegen noch nie benutzt."

„Also, da haben wir doch die Ursache. Wie willst du denn dem Bäcker die Butter genau abwiegen können, wenn du keine genauen Gewichte nimmst? Nach Gefühl etwa?"

„Nein keineswegs", entgegnete der Bauer, nun doch etwas aus der Fassung gebracht. „Ich sagte doch schon wiederholt, dass ich die Butter genau so gewogen habe wie immer, und wenn es früher richtig war, dann muss es jetzt auch stimmen."

„Und wie wiegst du dann die Butter, ohne Gewichte zu haben?"

„Auf die eine Waagschale lege ich eines der Dreipfundbrote des Bäckers, und auf die andere Waagschale gebe ich so viel Butter, bis die Waage im Gleichgewicht ist. Was soll denn daran falsch sein?"

„Falsch ist das Gewicht des Brotes", sagte der Richter und ließ den Bäcker verhaften.

8 Sprachlos

Jedes Wort des anderen wurde als Beschuldigung aufgefasst, jede Rechtfertigung wurde als Vorwurf verstanden. Zwischen den Ehepartnern schien jede Verständigung unmöglich zu sein. Deshalb sprachen sie nicht mehr miteinander und hatten sich darauf beschränkt, sich nur noch schriftlich mitzuteilen.

„Weck mich morgen um sieben!", hatte er auf einen Zettel geschrieben und seiner Frau hingelegt.

Als er aufwachte, war es halb neun. Entsetzt sprang er aus dem Bett, und der Luftzug wehte ihm einen Zettel vom Nachttisch, auf dem stand: „Sieben Uhr. Steh auf, es ist Zeit".

Jetzt üben sie, wieder miteinander zu sprechen.

9 Unverändert

Meyer war glücklich. Er hätte die ganze Welt umarmen können. Er hatte seiner Sekretärin Blumen mitgebracht. Auf der Straße lachte er die Leute an und im Restaurant die Kellner. Meyer war total gut drauf, denn vor zwei Tagen war ihm der ersehnte Stammhalter geboren worden, und seiner Frau und seinem Sohn ging es prächtig und ihm auch.

Daran konnte auch die Begegnung mit Schulze nichts ändern, obwohl er mit seinem schärfsten Konkurrenten in der Stadt in einer Art Dauerfehde lag. Und im besten Restaurant, wo er während des Krankenhausaufenthalts seiner Gattin zu Abend aß, konnte er ihm ohnehin nicht ausweichen.

Statt dessen ging er auf Schulze zu, streckte ihm freudig grinsend die Hand entgegen und sagte: „Ich wünsche dir alles, was du mir auch wünschst!"

„Fängst du schon wieder an?", knurrte Schulze.

10 Verständigung

Im Vorübergehen hörte der Meister einen Mann heftig auf seinen Esel schimpfen. Er überschüttete ihn mit Flüchen und Vorwürfen, doch den Esel schien das gar nicht zu interessieren.

„Der größere Narr bist du", sagte der Meister zum Besitzer des Esels. „Der Esel wird deine Sprache ganz sicher nicht erlernen. Darum ist es besser, du sparst deinen Atem und lernst stattdessen die Sprache des Esels."

11 Vorausschauend

Zwei Freundinnen, die bereits ein gewisses Alter erreicht hatten, waren einfach zu eitel, um einander ihre nachlassenden Sehkräfte zu gestehen. Vielmehr priesen sie ihre guten Augen, und keine von ihnen hatte sich dazu durchringen können, sich eine Brille anzuschaffen.

Nun hatten sie erfahren, dass am Nachbarhaus eine Gedenktafel angebracht werden sollte, um die Erinnerung an den großen Musiker wach zu halten, der in diesem Haus drei Jahre als Student gelebt hatte. Um sich aber voreinander nicht zu blamieren, erkundigten sie sich unabhängig voneinander, was auf der Tafel zu lesen sein würde.

Auf dem Weg zu ihrem Kaffeestündchen im nahe gelegenen Park-Café blieben sie vor dem Nachbarhaus stehen.

Sie machten einander auf die schöne Gedenktafel aufmerksam. „Hier wohnte der berühmte Musiker ..." las die eine vor, und die andere ergänzte: „Darunter stehen viel kleiner die Jahreszahlen und hier unten rechts in der Ecke, noch viel kleiner ‚Bürgermeisteramt' und der Name unserer Stadt."

Ein Nachbarmädchen hatte den beiden Damen verwundert zugehört und rief lachend: „Was gibt es denn da zu lesen? Die Tafel hängt noch gar nicht!"

12 Reklamation

Rachel hatte ihren Sohn Aron gut eingecremt, setzte ihm noch ein leichtes Mützchen auf, damit ihr Liebling keinen Sonnenstich bekäme, drückte ihm Eimerchen und Schäufelchen in die Hände und legte sich mit einem dicken Schmöker auf die Liege unter dem Sonnenschirm. Spätestens beim Umblättern schaute sie nach Aron, doch der ließ am Wassersaum, im Spiel versunken, Holzstückchen als Kähne auf selbst gebauten Kanälen fahren.

Später konnte sie nicht sagen, wie alles gekommen war. Es waren knapp zwei friedliche Stunden am Strand gewesen, das Meer war ruhig, der Himmel blau, alles war wunderbar. Wie hätte sie ahnen können, dass aus dem Nichts eine gewaltige Welle heranrollte und Aron mit sich riss? Sein halberstickter Schrei ließ sie auffahren. Sie wollte sich ins Wasser stürzen, doch sie konnte ja nicht schwimmen. In ihrer Panik hob sie beide Arme zum Himmel und schrie: „Gib mir meinen Sohn zurück!"

Aron tauchte auf und wieder unter. Starr vor Entsetzen rief seine Mutter: „Du weißt, dass ich nicht schwimmen kann. Und dass ich nicht besonders religiös bin. Aber wenn Du ihn mir wiedergibst, will ich mich bessern und Dich auch nie wieder um etwas bitten!"

Als Aron zum dritten Mal auftauchte, schob ihn eine sanfte Welle bis auf den Strand. Rachel rannte zu ihrem Söhnchen, nahm ihn in ihre Arme, herzte und küsste ihn, prüfte, ob er gesund war. Dann hob sie die Augen zum Himmel und rief: „Und wo ist das Mützchen?"

13 Standpunkt

*E*in Gelehrter wurde vor den Hohen Rat bestellt, da er beschuldigt wurde, in seiner Begründung und Beweisführung unlogisch zu argumentieren. Am Tage der Prüfung nahm er ein Buch zur Hand und setzte sich verkehrt herum auf einen Esel. So ritt er lesend vor den großen Fenstern des Sitzungssaales auf und ab, bis sein Fall aufgerufen wurde.

Nachdem die gegen ihn erhobenen Vorwürfe verlesen und begründet worden waren und ihm das Wort erteilt worden war, fragte er den Vorsitzenden: „Als ich heute vor den Fenstern auf und ab ritt, in welcher Richtung saß ich da?"

„In der falschen Richtung."

„Deine Antwort verdeutlicht ganz genau, worauf es mir ankommt", sagte der Gelehrte. „Denn, von meinem Standpunkt aus gesehen, saß ich in der richtigen Richtung. Der Esel war es, der sich verkehrt herum gedreht hatte."

14 Missgunst

Drei griesgrämige alte Männer saßen zusammen auf der Parkbank. Mit prahlerischen Reden versuchten sie, sich einander in ihrer Missgunst zu übertrumpfen.

Der erste Griesgram sagte: „Wenn ich gerade beim Essen sitze und es klopft an meine Tür, dann räume ich alles weg, bevor ich öffne, damit ich niemanden zum Essen einladen muss."

„Das ist noch keine echte Missgunst", kritisierte der zweite Griesgram, „du bist geizig, und dein Verhalten ist einfach schlecht. Ich gönne anderen noch viel weniger als du. Denn wenn ich von jemandem eingeladen werde, und es ist auch noch ein anderer Gast da, dann frage ich mich, warum der wohl eingeladen wurde."

„Aber das ist doch alles ganz harmlos", meinte der dritte Griesgram. „Du bist doch nur unsicher. Du fragst dich, ob der andere ein höheres Ansehen genießt als du und ob der Hausherr genug zu bieten hat, damit du nicht zu kurz kommst. Du gönnst dem anderen nichts, damit du selber nicht das Nachsehen hast. Weil das so ist, kann ich von mir behaupten, dass ich anderen Leuten noch viel weniger gönne als ihr beide."

„Jetzt gibst du aber mächtig an. Für so missgünstig haben wir dich gar nicht gehalten. Womit willst du uns das denn beweisen?", fragten die skeptischen Alten.

„Wenn mir jemand was Gutes anbietet, dann frage ich mich aus lauter Missgunst: Warum verschwendet der sein Eigentum und bietet es ausgerechnet mir an?"

15 Schulung

Natürlich hatte er sich seine Ehe anders vorgestellt. Aber er hatte ja nicht ahnen können, dass seine hübsche, schlanke Gattin sich alsbald in einen schlampigen, ewig nörgelnden und schimpfenden Hausdrachen verwandeln sollte. Das Essen, falls sie etwas zubereitet hatte, kam aus der Fertigpackung, Wäsche, falls sie sich bequemte, die Waschmaschine anzustellen, bügelte sie grundsätzlich nicht, und Putzen war ohnehin nicht ihr Fall. Den ganzen Tag polterte sie im Haus herum, ohne mit dem Geringsten fertig zu werden.

„Warum erträgst du das alles? Lass dich scheiden oder jage sie aus dem Haus. Das ist doch kein Leben", rieten ihm die mitfühlenden Freunde.

„Aber warum denn?", fragte lächelnd der Ehemann. „Ich bin meiner Gattin zu großem Dank verpflichtet. Ihre Art hat mich Geduld gelehrt, und ich lerne sie täglich neu. Dank ihrer Hilfe kann ich die wirklichen Belastungen im Beruf und die Unannehmlichkeiten im Leben leicht ertragen."

16 Dickfellig

Ein Handelsherr, dessen Karawanen, mit Gewürzen und edlem Tuch reich beladen, durch die Wüste zogen, wollte einst für seine Dienste einen Sklaven kaufen. Er begutachtete diesen und jenen und war noch nicht zufrieden, als sein Auge auf einen hünenhaften Burschen fiel. Der war sicher an die zwei Meter groß und mit Muskeln bepackt wie ein Schwerathlet. Der Händler verlangte allerdings den fünffachen Preis des sonst Üblichen, und sie feilschten lange miteinander.

„Ich sage Ihnen, er ist seinen Preis absolut wert!", behauptete der Händler. „Seine Begleitung bietet Sicherheit auf jeder Reise, denn er kann es spielend mit vierzig Leuten aufnehmen. Und dabei ist er absolut gutmütig!"

„Das ist ein wichtiges Argument!", sagte der Kaufmann. „Denn ich bin mit meiner Karawane oft auf gefahrvollen Wegen unterwegs."

So wurden sie alsbald handelseinig, und als der Handelsherr eine Karawane ausrüstete, die er selber führen wollte, nahm er Omar, den neuen Sklaven, mit.

Sie zogen schon seit sieben Tagen durch die Wüste, als die Karawane plötzlich aus dem Hinterhalt von vierzig Räubern angegriffen wurde.

„Omar, schnell, wirf sie nieder, jag sie fort, sie stehlen unsere Waren!", schrie der Kaufmann in höchster Aufregung.

Doch Omar blieb sitzen und sagte nur: „Lass sie doch."

Die eine Hälfte der Bande hielt die Mitglieder der Karawane in Schach, und die anderen Banditen rafften die Beute zusammen.

„Omar! Beweg dich endlich! Vertreib die Schurken! Sie rauben mein Hab und Gut!", tobte der Kaufmann.

„Und wenn schon", sagte Omar.

Mit verzweifelter Wut sah der Kaufmann zu, wie die Banditen ihn ausplünderten und keiner seiner Männer bereit war, auch nur einen Finger zu krümmen, um nicht sein Leben zu riskieren.

„Wenn ihr Banditen mir schon alles genommen habt, dann tut mir zum Ausgleich und zu meiner Genugtuung wenigstens einen Gefallen", forderte der Handelsherr den Anführer der Banditen auf.

„Was darf's denn noch sein?", fragte der ganz großzügig.

„Ich will, dass jeder deiner Männer diesem Kerl, Omar, einer nach dem anderen eine gewaltig Ohrfeige verpasst."

„Nichts lieber als das", sagten die Banditen, und der erste gab Omar einen kräftigen Backenstreich.

Doch als hätte er nur ein lindes Lüftchen verspürt, rührte Omar sich nicht. Die Räuber wurden mit ihren Schlägen immer dreister, weil der Sklave sie so stoisch ertrug, als fielen ihm sanfte Regentropfen aufs Haupt. Als sie dazu übergingen, ihn mit den Gewehrkolben zu traktieren, wedelte er die Schläge fort, als wären es lästige Fliegen.

Neununddreißig Hiebe nahm Omar gelassen hin. Doch als der letzte Räuber zum Schlag ausholte, sprang er plötzlich mit einem Gebrüll, lauter als ein verwundeter Löwe, auf, schnappte sich einen nach dem andern der vor Entsetzen erstarrten Räuber, fesselte sie, nahm ihnen alles, auch ihre Kleider, ab und jagte sie dann in die Wüste.

Nachdem die geretteten Waren wieder auf den Kamelrücken verschnürt waren, setzte die Karawane ihren Weg fort. Endlich am Ziel angekommen, wickelte der Kaufmann seine Geschäfte ab und zog mit neuen Waren zurück in seine Heimatstadt. Dort ging er mit Omar auf den Sklavenmarkt. Er suchte den Händler und forderte ihn energisch auf, den Sklaven zurückzunehmen und ihm sein Geld zu erstatten.

„Was fällt dir ein, das Geld zurückzufordern? Hab ich dich etwa belogen? Der Sklave hat dich doch beschützt und hat es mit vierzig Räubern aufgenommen, ganz wie ich gesagt habe!", ereiferte sich der Händler.

„Schon richtig", erwiderte der Kaufmann, „aber ich kann nicht das Risiko eingehen, irgendwann von zwanzig oder dreißig Banditen überfallen zu werden und mich von einem beschützen lassen, der erst beim vierzigsten reagiert!"

17 Beherzt

Weil er nach dem Tode seines Verwalters für diese wichtige Aufgabe einen Nachfolger suchte, hatte der König die Höflinge sich versammeln lassen. Er führte sie zu einer mächtigen Eichentür, die mit Eisen beschlagen und mit einem schweren Schloss versehen war.

„Hier ist das Problem, meine Herren, das es zu lösen gilt", sagte der König. „Wer diese Tür öffnen kann, dem übergebe ich das Amt des Verwalters. Doch leider, leider ist der Schlüssel zu dem Vorhängeschloss verschwunden. Also, will es jemand versuchen?"

Der Erste Kammerdiener trat vor, besah sich ausgiebig das Schloss und trat kopfschüttelnd zur Seite. Der Zeremonienmeister, ein Herr der alten Schule, putzte sein Monokel und winkte ab. Der Generalfeldmarschall riet zum Beschuss mit der Haubitze. Der Astrologe murmelte etwas von ungünstigen Konstellationen. Der Hofmathematiker stellte Berechnungen an, und der Stallmeister wollte die Tür von vierundzwanzig Pferden aus den Angeln reißen lassen. Und da alle Gelehrten und alle Praktiker keinen Rat wussten und die Aufgabe als unmöglich zu lösen ansahen, bemühte sich auch aus den unteren Rängen des Hofstaates niemand mehr. Alle standen sie mit leeren Gesichtern oder gestikulierend vor der Tür, manch einer wollte sich hervortun und sagte: „Man sollte ...", „Man müsste ...", „Vielleicht könnte man ...", doch keiner tat etwas.

Nur ein junger Jäger trat näher, schaute genau hin, fühlte hier und da, rüttelte ein wenig und dann, mit einem Ruck, riss er das Schloss nach unten, und der Bügel sprang heraus.

Denn absichtlich hatte der König die Verriegelung nicht richtig einrasten lassen, als er die Aufgabe ersann. Mit leichter Hand öffnete der junge Mann die schwere Tür.

Die Hofleute schauten beschämt zu Seite. Einige fühlten sich hintergangen. Andere waren beleidigt. Doch wagte niemand zu murren, als der König den Jäger zu sich rief und sagte: „Dieser junge Mann hier ist der neue Verwalter. Achtet ihn, wie ihr mich achtet. Er war der Einzige, der sich nicht abschrecken ließ, nicht von der Aufgabe und nicht von euren Urteilen. Nicht was er sah und hörte, war für ihn ausschlaggebend, sondern was er sich selbst zutraute und prüfen wollte."

18 Entfernungen

„Drei Monate lang war ich unterwegs, um hierher zu dir zu gelangen, damit du mich unterweist, den Pfad der Erleuchtung zu gehen", sagte der eifrige Schüler zum Meister.

„Die weite Reise hättest du dir sparen können", entgegnete der Meister, „und den langen Weg zur Erleuchtung sowieso."

„Wie soll ich das verstehen?", stammelte der verunsicherte Schüler.

„Statt deiner vielen tausend Schritte hierher hätte ein einziger genügt."

„Nur ein Schritt?"

„Ja", sagte der Meister. „Tritt einen Schritt neben dich."

19 Fremd

„Hau ab! Verzieh dich! Mach, dass du wegkommst! Was hast du hier zu suchen? Hier kennt dich keiner!"

Die ganze Clique hatte sich gegen den Fremden gewendet.

„Das macht nichts, dass mich hier keiner kennt. Ich kenne mich selber", sagte gelassen der Fremde. „Das Gegenteil wäre schlimm: Wenn alle mich kennen würden und ich selbst nichts von mir wüsste."

20 Abbild

Ein orientalischer Herrscher hatte überall im Land große Bildtafeln mit seinem Portrait aufstellen lassen. In der Hauptstadt zierten zwanzig Meter hohe Konterfeis des Potentaten die Hauswände. Sie alle zeigten den Herrscher als gütigen Landesvater, der Kinder streichelt, Gaben verteilt, oder als übermächtigen Helden, der säbelschwingend dahergaloppiert, der die Feinde besiegt und die Hände über seinem Volk hält oder es mit Parolen der Stärke und Macht ermutigt. Er ließ sich als ein „Löwe" bezeichnen; denn er war der Meinung, dass ihm keiner an Macht, Stärke und Grausamkeit überlegen sei.

Als der König der Tiere davon erfuhr, war er ungehalten über diese Anmaßung, und er forderte den Regenten zum Streitgespräch heraus.

Sie diskutierten schon einige Zeit und versuchten, sich gegenseitig mit ihren Prahlereien über ihre Fähigkeiten, Verdienste, Kräfte und ihre Erbarmungslosigkeit zu übertrumpfen.

Da zeigte der Regent zum Fenster hinaus und wies auf eine Tafel, die ihn zeigte, wie er mit bloßen Händen einen Löwen erwürgt.

„Pah!", sagte der König der Tiere verächtlich. „Wenn Löwen malen könnten ..."

21 Beweis

Ein Zoologe untersuchte einen Floh. Er setzte ihn auf eine Platte und rief: "Spring!"

Der Floh sprang.

Der Forscher notierte: Befiehlt man einem Floh laut und deutlich, dass er springen soll, so springt er.

Dann nahm er eine feine Pinzette und riss dem Floh die Beine aus. Und wieder befahl er ihm: "Spring!"

Der Floh rührte sich nicht.

Der Forscher notierte: Reißt man einem Floh die Beine aus, wird er taub.

22 Effektiv

Ein König hatte zwei Söhne. Weil der ältere der beiden sich mehr für Bücher, Kunst und Musik interessierte, meinte der jüngere, für die Nachfolge auf dem Königsthron besser geeignet zu sein, und wollte dies auch täglich unter Beweis stellen.

Als er wieder einmal durch die Ländereien seines Vaters ritt, um nach dem Rechten zu sehen, wie er sagte, bemerkte er eine Windmühle, deren Flügel sich nicht drehten.

„He, Müller, warum dreht die Mühle sich nicht?", raunzte er den verdatterten Müller an.

„Exzellenz, die Windmühle dreht sich nicht, weil kein Wind weht", stammelte der Müller.

„Das ist mir einerlei. Eine Windmühle hat sich zu drehen. Sorge gefälligst dafür. Ich werde das kontrollieren!", befahl der Prinz und ritt davon.

Auch am nächsten Tag war es windstill, und zum großen Ärger des Prinzen drehte die Mühle sich noch immer nicht.

„Du wagst es, elender Kerl, meinen Befehl zu ignorieren?", brüllte er den Müller an. „Hast du nicht verstanden, was ich dir aufgetragen habe?"

„Doch, ich habe sehr wohl verstanden, was Eure Exzellenz befohlen hat", antwortete ganz gefasst der Müller.

„Und?"

„Ich habe der Mühle den Befehl gegeben."

„Ja, und?"

„Die Mühle hat mir gesagt, dass sie nichts machen könne, solange kein Wind wehe, da könne ich befehlen, so lange wie ich wolle, sie könne ihn auch nicht herbeizaubern. Aber, empfahl sie, sage dem Prinzen, der doch so viel mächtiger ist, er solle dem Wind befehlen, sich endlich zu erheben, dann wolle sie mit Freuden sich wieder drehen. Ich war gerade auf dem Weg, Eurer Exzellenz den ausgezeichneten Vorschlag zu unterbreiten."

23 Gelassen

*E*s regnete in Strömen. Ein Mann hielt sich eine Zeitung über den Kopf und rannte los. Da bemerkte er seinen Nachbarn auf der anderen Straßenseite, der gemächlich nach Hause schlenderte.

„He, du wirst ja klatschnass!", rief er ihm im Vorüberhasten zu. „Warum beeilst du dich nicht?"

„Da vorne regnet's auch!", bekam er zur Antwort.

24 Bitte

*E*in armer alter Grieche ging zum Gottesdienst. Nach der Messe blieb er noch und erwies den Heiligen seine Verehrung. Dann breitete er vor dem Bild des Weltenherrschers seine Hände aus und bat den Allmächtigen, ihm etwas zu essen zu geben, denn er sei ohne Frau und Familie, niemand kümmere sich um ihn, und ein wenig Fleisch und Gemüse, Brot und Käse und ein paar Oliven hätte er jetzt bitter nötig. Ja, und nicht zu vergessen, eine Flasche Ouzo wäre höchst willkommen.

Eine Kirchendienerin hörte sein Gebet und sagte: „Wäre es in deinem Alter nicht angebracht, Gott zu bitten, dass er deinen Glauben stärke und dich vor Sünden bewahre, damit du am Tag des Gerichts nicht in die ewige Verdammnis gerätst, anstatt ihn um eine Flasche Schnaps zu bitten?"

„Liebe Frau", sagte der Alte, „ich habe Gott um das gebeten, was mir zum Leben fehlt. Und mir fehlt nicht der Glaube, sondern mir fehlt eine Flasche Ouzo."

25 Relativ

Unablässig flehte ein Jude zu Gott, ihm ein wenig Geld zu geben: „Der Du der Ewige und Allmächtige bist. Für Dich ist das Viele wenig. Raum und Zeit haben für Dich keine Bedeutung. Du, der Du alles geschaffen hast, kannst auch alles ermöglichen. Ich bitte dich, gib mir hunderttausend Dollar. Hunderttausend Jahre sind für Dich wie eine Minute, und hunderttausend Dollar sind für Dich nur wie ein Cent. Ich flehe Dich an, erbarme Dich meiner, gib mir einen Cent!"

Und da war der Jude sich sicher, eine himmlische Stimme zu hören, die zu ihm sagte: „Warte eine Minute."

26 Sicher

Mit einem Beispiel wollte der Meister seinen Schülern verdeutlichen, wie kurzsichtig sich die Menschen in ihrem Streben nach Sicherheit verhalten.

„Ein Mann ließ sich mit einem Fährboot über eine Meerenge setzen. Sie waren schon weit vom Land entfernt, und die gegenüberliegende Seite war noch kaum zu sehen, als sich ein Sturm erhob, der Himmel sich verdunkelte und hohe Wellen das Boot hin und her warfen. Der Fährmann kämpfte mit dem Wind, der Strömung und den Wellen. In kurzer Zeit waren sie völlig durchnässt, und Wasser drang ins Boot. Aufs höchste besorgt sah der Fährmann sich nach seinem Fahrgast um, und stieß einen Schrei des Entsetzens aus.

„Bist du verrückt, Wasser in das Boot zu schaufeln?", brüllte er seinen Fahrgast an.

„Mein Vater hat mich gelehrt", rief der Passagier, „mich immer auf die Seite des Stärkeren zu stellen!"

27 Heldenhaft

Zwölf Bauern aus dem Hochland hatten sich auf den beschwerlichen Weg in die Stadt gemacht, um dort ihr Getreide mahlen zu lassen. Nun kehrten sie, jeder mit einem prallen Mehlsack schwer beladen, in ihr Heimatdorf zurück. Mittlerweile hatten sie die dichten Wälder erreicht, und es empfahl sich, eine Rast einzulegen. Da das Leben nicht nur hart und entbehrungsreich, sondern in dieser Gegend wegen der Räuber und Bären auch gefährlich war, kam einer auf den Gedanken zu überprüfen, ob ihre kleine Gemeinschaft noch vollzählig sei. Er fing an zu zählen, und da er nur die zählte, die er sehen konnte, zählte er, nun schreckensbleich, zum wiederholten Male nur bis elf.

„Hilf Himmel!", rief er. „Einer fehlt!"

„Wie kann einer fehlen? Sind wir nicht immer zusammengeblieben? Was ist passiert?", schallten die Rufe durcheinander.

„Ich weiß es auch nicht! Aber zählt selber!"

Und da jeder von ihnen die Anzahl der Anwesenden nach der gleichen Methode überprüfte, war bald das Entsetzen groß, denn jeder hatte tatsächlich nur elf Bauern zählen können. Einer war und blieb verschwunden.

Da fing ein großes Wehklagen an. Die Bauern rückten enger zusammen und sahen sich ängstlich um.

„Ganz sicher hat sich ein Bär den letzten in unserer Reihe geschnappt!", überlegte einer von ihnen. „Wir sollten diese gefahrvolle Gegend schleunigst hinter uns lassen."

Eilends schulterten sie ihre Getreidesäcke und setzten ihren Marsch fort.

„Wir hätten besser auf ihn aufpassen sollen", klagte einer.

„Aber wir haben doch keine Augen am Hinterkopf", entgegnete ein anderer. „Wenn er getrödelt und uns nicht einmal gerufen hat, dann hat er doch selber Schuld."

„Dann muss ihn aber ein gewaltiger Bär erwischt haben", überlegte einer.

„Ganz sicher war das ein riesiger Braunbär, der so einen tapferen Mann angefallen hat."

„Und wie er mit bloßen Händen sich gegen den Riesen gewehrt hat, der ihm seinen stinkenden Atem entgegenblies und ihn mit seinen Pranken umklammert hielt!", fügte ein anderer hinzu.

„Nicht nur tapfer war er, unser verlorener Gefährte, er war auch freundlich und gutherzig. Was werden wir bloß seiner Witwe und seinen Kindern sagen! Die Armen! Als wenn das Leben nicht schon hart genug wäre, jetzt müssen sie auch dieses Schicksal noch tragen."

So setzten sie tief bekümmert ihren Weg fort, bis sie schließlich ihr Dorf erreichten, das sie unter lautem Wehgeschrei betraten.

Sofort liefen die Bewohner zusammen, und alle riefen und klagten gleichzeitig. Derweil übte ein Mädchen aus der ersten Dorfschulklasse sich im Zählen der abgestellten Mehlsäcke und fand, dass es zwölfe seien.

Als die eifrige Schülerin unter den aufgeregten und jammernden Leuten ihre Mutter gefunden hatte, zerrte sie an deren Schürze und rief: „Mutter! Da stehen zwölf Mehlsäcke!"

„Erzähl mir jetzt nichts von Mehlsäcken!", wehrte die Mutter ab. „Weißt du denn nicht, dass ein tapferer Mann auf höchst schreckliche Weise den Tod gefunden hat? Wie leicht hätte es auch die anderen Männer treffen können! Und wie wäre es dann um unser Dorf bestellt? Ich darf gar nicht daran denken!"

„Aber Mutter! Hör mir doch mal zu!", widersetzte sich die Tochter. „Wenn da zwölf Säcke stehen, müssen doch auch zwölf Männer zurückgekommen sein!"

„Zwölf sagst du?"

Jetzt zählte die Mutter die Mehlsäcke selber und schrie: „Bürgermeister!"

Der Lärm dämpfte sich, und der Bürgermeister löste sich aus der Menge.

„Bürgermeister! Da stehen zwölf Mehlsäcke. Also müssen auch zwölf Männer heimgekommen sein. Genau so viele, wie fortgegangen sind!"

Da zählte der Bürgermeister höchstpersönlich nach und kam zum gleichen Ergebnis.

„Tatsächlich! Zwölf Säcke! Der Verlorene muss zurückgekehrt sein!", schloss er messerscharf.

„Wahrhaftig! Er hat den Bären ganz allein besiegt!", riefen die Bauern.

„Er ist zurückgekommen! Ganz ohne Waffen, mit seinen bloßen Händen und der Kraft seiner Arme hat er den gewaltigsten Bären der dunklen Wälder getötet! Hoch lebe der Bärenbezwinger! Der Bärentöter lebe hoch! Welch ein Ruhm für unser Dorf, einen solchen Helden in unserer Mitte zu wissen!"

Ein rauschendes Fest wurde veranstaltet. Man tanzte und sang und freute sich des Lebens. Der Dorflehrer dichtete die Ballade vom heldenhaften Bärenbezwinger, und die wurde jedes Jahr am Tag der Rückkehr der Bauern auf dem Bärenfest vorgetragen.

28 Praktisch

Ein Bauer arbeitete auf seinem Feld, als er beobachtete, wie ein Hase über seinen Acker rannte, auf den Stamm der nahen Eiche prallte und starb.

„Das ist ja praktisch", dachte der Bauer, „auf so einfache Art bin ich noch nie an einen Hasenbraten gekommen."

Und er hockte sich ins Gebüsch und wartete auf den nächsten Hasen. Da wartet er immer noch.

29 Bohnen

Während der Jagd wurde ein König von seinen Begleitern getrennt und ritt nun schon seit Stunden durch den Wald, ohne einem Menschen begegnet zu sein. Da sah er zwischen den Bäumen die dünne Rauchsäule eines Feuerchens aufsteigen und ritt darauf zu. Er kam zur Hütte eines Holzfällers, der sich gerade ein Essen zubereitete.

Der König stieg vom Pferd, ging auf den Alten zu und sagte: „Ich bin dein König und will dein Gast sein, denn ich bin hungrig. Was kochst du da?"

„Bohnen", sagte wortkarg der Holzfäller.

„Willst du mir von deinen Bohnen nicht die Hälfte abgeben? Ich bin schließlich der König und will mich dir gerne erkenntlich zeigen."

„Nein", antwortete der Mann, „denn es reicht gerade für mich, und ohne zu essen, kann ich meine Arbeit nicht tun. Außerdem sind diese Bohnen mehr wert als alles, was du besitzt. Du möchtest meine Bohnen, doch ich möchte nichts von dem haben, was du alles dein Eigen nennst. Darum sind mir meine Bohnen viel wertvoller. Sieh dir nur einmal an, wie dir dein Besitz und dein Reich von Neidern, Intriganten und Feinden streitig gemacht wird. Ich habe nur meine Hütte, meine Arbeit und meine Bohnen und bin frei von allem Streit. Und so soll es bleiben."

Der König schaute auf den unumstrittenen Besitzer der Bohnen und dachte an sein umstrittenes Reich. Wortlos und nachdenklich ritt er fort.

30 Einfachheit

Ein junger Mann erbat sich vom Meister einen Rat.

„Ich habe für mein Leben beschlossen, dass es nicht von der Jagd nach Geld, Reichtum und Prestige bestimmt sein soll, und mich bisher auch gut daran gehalten", erklärte er. „Doch wie es der Zufall will, lernte ich eine wunderbare junge Frau kennen, die ich wirklich liebe, und auch sie liebt mich sehr. Wir haben davon gesprochen, dass wir zusammenbleiben möchten. Doch da sie die einzige Erbin einer sehr begüterten Familie ist, bin ich sehr verunsichert, habe sogar Angst, dass sich das Geld einmal gegen uns wendet."

„Entscheidend ist nur", sagte der Meister, „wie sehr du daran hängst, reich zu sein – oder arm."

Nachdenklich nickte der junge Mann und sagte nach einer Weile: „Ich habe verstanden."

„Dann ist es gut", lächelte der Meister. „Wenn du verstanden hast, kannst du ebenso gut auch reich sein."

31 Verdächtig

Niemand wusste, wer den hässlichen Verdacht zuerst ausgesprochen hatte, aber das Getuschel hinter vorgehaltener Hand war nicht länger zu überhören, und die bedeutungsvollen Blicke der anderen Mönche waren nicht zu übersehen, wenn Naitô vorüberging.

Der Abt ließ ihn vor sich kommen und ermahnte ihn eindringlich, nie wieder gegen die Ordensregeln zu verstoßen und auf den morgendlichen Bittgängen die schöne junge Frau anzuschauen und gar mit ihr zu sprechen.

In demütiger Haltung kniend sagte Naitô: „Meister verzeiht mir, wenn ich gegen die Regeln verstoßen habe. Ich war in gutem Glauben, dass es der Frau hilfreich sei, ihr tröstende Worte zu sagen und dabei an Gott zu denken, statt fromme Verse zu rezitieren und dabei an eine schöne Frau zu denken."

Da lachte der Meister schallend und wusste, über welches Thema er seine Schüler am nächsten Tag unterrichten würde.

II. Zukunft wird aus Träumen gemacht

32 Perspektive

Erst waren sie zwölf Stunden geflogen, dann waren sie einen Tag mit dem Auto unterwegs. Die zwei folgenden Tage in dem schönen Hotel mit dem herrlichen Pool hatten dem Jungen kaum ausgereicht, um sich ein wenig zu erholen. Wenn es nach ihm ginge, würde er am liebsten im Schwimmbecken bleiben und sich mit ein paar anderen Jungen anfreunden, die darin rumtobten. Aber das ging ja nicht. Vater wollte ihn unbedingt auf die anstrengende Bergtour mitnehmen.

„Das musst du einfach gesehen haben! Vom Gipfel aus hast du eine Sicht, die du dein Lebtag nicht vergessen wirst. Absolut einmalig!", versuchte der Vater die Begeisterung seines Sohnes zu wecken. „Keine Sorge, wir haben einen guten Führer und gehen schön langsam. Morgen Nacht schon schläfst du in der Hütte unterhalb vom Gipfel."

Zwar brauchte er keinen großen Rucksack zu tragen, nur seine Wasserflasche und seinen Pullover, doch hatten die letzten Stunden des Aufstiegs den Jungen sehr erschöpft, und er schlief schon fast, als er sich in der Hütte auf das Feldbett fallen ließ.

Er wusste nicht, was ihn aufgeweckt hatte, und er wusste nicht, wo er war. Ein fahles rotes Licht erfüllte den Raum, und dann hörte er wieder das Krachen, das ihn wohl geweckt hatte. Leise Angst beschlich ihn, und er wünschte sich weit weg von hier, nach Hause, wo alles in Ordnung war, das Elternhaus und die Mutter. Dann hörte er wieder das Krachen. War es nicht näher gekommen? Er stand auf und wollte aus dem Fenster sehen, ängstlich gespannt auf den Anblick, der sich ihm bieten würde. Aber das kleine Fenster war so hoch oben eingelassen, dass er nur ein Stück vom Himmel sehen konnte. Und der war flammend rot.

„Vater, Vater, wach auf! Es brennt!"

Und wieder erschütterte gewaltiges Krachen und Poltern die morgendliche Stille.

„Ein Erdbeben! Schnell, schnell, wir müssen uns retten!"

Der Vater rieb sich knurrend die Augen. Dann öffnete er langsam den Schlafsack, streckte sich und stand auf. Er stellte sich ans Fenster und betrachtete den Gipfel im strahlenden Licht des Sonnenaufgangs.

Wieder krachte es, und eine von der Morgensonne erwärmte Schneewächte polterte donnernd zu Tal.

Ängstlich, obwohl er sich seiner Angst schämte, drückte sich der Junge an seinen Vater.

„Werden wir hier sterben? Ist dies das Ende der Welt?"

„Nein, mein Sohn", tröstet ihn der Vater und legte ihm seinen Arm um die Schulter, „das ist der Beginn eines neuen Tages."

33 Vorankommen

Immer wieder ermahnte der Meister seine Schüler, dass es nicht nur notwendig sei, etwas zu tun, sondern man müsse auch hoffen können.

Einem Schüler wollte diese Weisung nicht einleuchten, und er bat um eine Erklärung.

Der Meister ging mit dem Schüler zum See, und sie bestiegen ein Boot. Mit einem Ruder stieß der Meister das Boot vom Ufer ab, und als sie ein Stück weit hinausgetrieben waren, legte der Meister nur dieses eine Ruder ein und begann damit zu rudern. Das Boot fuhr immer im Kreis herum.

„Aber was soll denn das?", rief der Schüler. „Um voranzukommen, musst du doch beide Ruder einsetzen!"

„Ganz richtig", nickte der Meister. „Das eine Ruder heißt ‚arbeiten', das andere Ruder heißt ‚hoffen'. Nur wer Tun und Sehnsucht miteinander verbindet, kommt wirklich weiter."

34 Vordergründig

Ein Mann wollte unbedingt als Schüler angenommen werden, und der Meister unterhielt sich lange mit ihm. Am Ende des Gesprächs verabschiedete er ihn mit dem Hinweis, dass er ihm seine Entscheidung in Kürze übermitteln würde.

Am nächsten Tag bat der Meister einen wohlhabenden und redlichen Kaufmann, seinem Besucher eine sichere und gut bezahlte Stellung in seinem Handelshaus anzubieten, jedoch ohne seine Vermittlung in irgendeiner Form zu erwähnen oder auch nur anzudeuten.

Bald darauf erhielt der Meister einen Brief von seinem früheren Besucher: „Wie es die Gunst des Schicksals wollte, erhielt ich heute ein Angebot von einem der bedeutendsten Unternehmer in unserer Stadt, das ich beim besten Willen nicht ausschlagen kann. Auch im Interesse meiner Familie werde ich mich der neuen Aufgabe voll und ganz widmen müssen. Ich bedaure sehr, dass ich nunmehr keine Möglichkeit sehe, mich deiner Lehre anzuschließen."

„Seht ihr", sagte der Meister zu seinen Schülern, „auch er war nur gekommen, weil er eine Enttäuschung überwinden wollte."

35 Traumhaft

Das Licht der untergehenden Sonne schien die Melancholie des jungen Mannes noch zu verstärken. Vor zwei Tagen erst war sein Vater gestorben, und er hatte sich mit den neuen Umständen noch nicht abgefunden. Er sah sich in der unangenehmen Situation, auf dem Spielfeld des Lebens in die vorderste Reihe gerückt und der Ungewissheit nun schutzlos ausgesetzt zu sein. Mittellos war er als einziger Erbe des väterlichen Vermögens zumindest nicht. Und das prächtige Haus mit seinem herrlichen Garten konnte als der Ort seiner Kindheit und Jugend schöner nicht sein. Aber seinem Vater, der alle diese Schätze, die edlen Möbel, Stoffe, Leuchter und Gläser, die schönen Bäume und seltenen Pflanzen durch seine ehrgeizigen Geschäfte und sein unermüdliches Raffen zusammengetragen hatte, war es nie in den Sinn gekommen, sich seines Reichtums zu erfreuen. Sein Bestreben war es gewesen, seinen Besitz zu sichern und zu mehren und die Macht, die sein Geld ihm gab, dazu zu nutzen, noch mehr Geld und mehr Einfluss zu gewinnen.

So wollte er nicht leben. Das stand für ihn fest. Und sein Leben lang das Ererbte wie eine überkommene Last griesgrämig zu verwalten, das wollte er auch nicht. Er beschloss, das Leben zu feiern und mit dem Reichtum sich und anderen etwas Gutes zu tun.

Alsbald wurde sein Anwesen zum beliebten Treffpunkt echter und selbsternannter Freunde. Fröhliche Feste, wunderbare Konzerte, rauschende Bälle, grandiose Bankette lösten einander ab. Er gab das Geld mit vollen Händen aus, wies keine Bitte ab, unterstützte soziale und karitative Einrichtungen, und seine Spenden halfen, manche Not zu lindern. Er hängte sein Herz an keinen Besitz – bis ihm eines Tages nur das Haus und der Garten von all seinem ererbten Reichtum geblieben waren.

Die Zeit der Freuden und der vielen Freunde war nun vorüber. Mühsal trat an ihre Stelle, und fortan musste er von dem leben, was er in seinem Garten pflanzen und ernten konnte. Er arbeitete hart, grub und hackte, schnitt und reparierte, bewässerte und pflegte und rang dem heißen Klima des Südens seine kleine Ernte ab.

Eines Abends setzte er sich, erschöpft von den Mühen des Tages, unter den Feigenbaum und schlief ein. Da trat im Traum eine vermummte Gestalt auf ihn zu und zog ihm ein Goldstück aus dem Mund. „Dein Glück ist nicht hier. Gehe nach Norden. In Berlin wirst du es finden!", raunte der Vermummte.

Der Gärtner nahm die Botschaft zum Anlass, sein Leben zu verändern. Er wollte noch etwas von der Welt sehen, bevor er zu alt dazu geworden wäre, und wenn etwas Glückliches dabei herauskommen würde – warum nicht einmal in den reichen Norden reisen? Er machte sich auf den Weg und stieg einige Tage später in Berlin aus dem Zug.

Nasskalt war das Wetter und er schlug den Kragen seiner Jacke hoch. Er ließ sich von dem kühlen Empfang nicht verdrießen und schlenderte, neugierig auf die Stadt, die ihm Glück bringen sollte, durch die Straßen. Von einem Platz drang Lärm zu ihm her, und er wollte wissen, was da geboten wurde. Doch als er sich näherte, Krawall und Polizei bemerkte, wurde er plötzlich zu Boden gerissen. Er strampelte zwar und wehrte sich, aber es half nichts, er wurde mit anderen Menschen in ein Fahrzeug gesperrt und landete in einer Zelle.

Statt ins Glück war er mitten ins Elend geraten. Da saß er nun eingesperrt hinter Gittern, alle Knochen taten ihm weh, und es blieb ihm nichts, als alles weitere abzuwarten.

Stunden später nahm man seine Personalien auf, seine Fingerabdrücke wurden ihm abgenommen, und er wurde zum Verhör geführt. Als gut ausgebildeter Sohn eines reichen Vaters konnte er sich mit dem Kommissar auf Englisch verständigen. Seine Reisepapiere waren in Ordnung, seine Zugkarte bewies, dass er gerade erst angekommen war und mit den radikalen Demonstranten nichts zu tun hatte, und so war der Kommissar gar nicht so unfreundlich. Auf die Frage, was ihn nach Berlin führe, erzählte er bereitwillig seinen Traum.

„Sie wollen wirklich behaupten, Sie glauben an Träume und haben die lange Reise wegen einer Träumerei unternommen? Und die soll ausgerechnet hier in Berlin in Erfüllung gehen? Mann, hier herrscht die harte Wirklichkeit. Hier versuchen Tausende, wie du ihr Glück zu finden, und haben nur eine Menge Probleme bekommen. Mit Träumen kommt man in unserer Welt nicht weiter. Sonst könnte ich ja gleich mit Ihnen tauschen!", ereiferte sich der Kommissar.

„Warum sollten ausgerechnet Sie mit mir tauschen wollen?", fragte der Gärtner.

„Ja, wie soll ich das jetzt erklären", zierte sich der Kommissar sichtlich verlegen, aber dann, vielleicht weil ihm das Komische an der Situation aufging, sagte er: „Das ist mir so rausgerutscht. Bereits dreimal träumte ich von einem prächtigen Haus am Mittelmeer, umgeben von einem wunderschönen Garten. Darin ist ein alter Brunnen und daneben steht ein Feigenbaum. Und zwischen seinen Wurzeln ist ein sagenhafter Goldschatz vergraben. Reich sein und in der Sonne sitzen, das träumte ich. Aber das gibt es ja gar nicht. Ich bin schließlich Realist und kann auf solche Illusionen aus dem Unterbewusstsein nichts geben. Das sind nur Täuschungen und Trugbilder, die einen in die Irre führen. Also kehren Sie am besten um und fahren nach Hause zurück. Sie sehen ja, wohin das führt, wenn man an seine Träume glaubt."

Dieses Rates hätte es nicht mehr bedurft. Der Gärtner kehrte in seine Heimat zurück, grub den Schatz aus und lebte glücklich und freigebig bis an sein seliges Ende.

36 Teddys

Eine Frau sammelt Teddybären. Teddys sind ihre Leidenschaft. Ihr ganzes Leben wurde von Teddys begleitet, vom ersten Schmusetier an und den Bärenabbildungen auf der Bettwäsche, den Handtüchern und den Kinderzimmertapeten. Abziehbilder klebten auf Etui und Schultasche. Teddys baumeln an ihrem Stadtrucksack, am Autoschlüssel und am Rückspiegel. Teddys machen es sich auf ihrem Sofa, im Sessel und auf der Bettkante gemütlich, Teddys überall.

Eines Morgens hört sie ein Poltern im Vorgarten. Sie schaut aus dem Küchenfenster und sieht einen riesigen Bären, der den Geranientopf umgestoßen hat.

Sie erstarrt vor Entsetzen. Dann stößt sie einen Schrei aus und gerät in Panik. Sie rennt zum Telefon und wählt zitternd den Notruf.

Sie liebt die Bilder und das Spielzeug, nicht aber die Wirklichkeit.

37 Stillstand

"Zeit ist Geld", war die Devise des Unternehmers, und er eilte zum nächsten Termin. Mit Ausdauer und Ehrgeiz hatte er eine lukrative Fabrik aufgebaut, hatte Gefallen an Einflussnahme und Macht gefunden und setzte längst seinem Streben nach Wachstum und Profit keine Grenzen mehr.

Als er eines Tages erfuhr, dass der Meister durch seine Stadt kommen würde, war es für ihn eine ausgemachte Sache, dass er sich mit diesem angesehenen Manne vor der Presse zeigen müsste.

Doch der Meister dachte gar nicht daran, sich vor den Karren des Ausbeuters spannen zu lassen. Zügigen Schritts ging er am Hauptportal der Fabrik vorbei. Das Blitzlichtgewitter der Reporter und den Unternehmer ignorierend, wanderte er weiter zur Stadt hinaus.

Wütend über die Missachtung stieß der Unternehmer seinem Sekretär den Ellenbogen in die Seite und zischte: „Aufhalten! Bring' ihn her!"

Doch schon nach wenigen eiligen Schritten gab der Sekretär auf und kam mit hochgezogenen Schultern und fragendem Blick zurück.

„Idiot!", fauchte der Unternehmer, und weil er meinte, wie immer, wenn die anderen versagten, alles selbst tun zu müssen, eilte er nun selber hinter dem Meister her. So schnell war er seit Jahren nicht mehr gelaufen, und als er dem Meister bis auf zwanzig Meter näher gekommen war, rief er: „Bleib' endlich stehen!"

Doch der Meister ging ruhigen Schrittes weiter.

„Nun steh' doch endlich still!", rief der Unternehmer, und obzwar er dem Meister nun folgen konnte, schien sich der Abstand zwischen ihnen nicht zu verringern.

„Bleib' jetzt stille stehen, damit ich mit dir reden kann!", rief erneut der Fabrikant.

„Ich stehe still", antwortete der Meister. „Du bist es, der nicht stillsteht! Bleib' du doch stillstehen."

Will der mich an der Nase herumführen, dachte der Unternehmer. Normalerweise sagen solche Männer doch immer die Wahrheit. Ich stehe still, doch er geht gemächlich weiter.

„Was soll denn das?", rief er dem Meister nach. „Ich stehe still, und du beschuldigst mich, nicht stillzustehen, doch du gehst weiter und sagst, du stündest still. Wie soll das also gehen, dass du dich bewegst und stillstehst, und ich mich nicht bewege und nicht stillstehe?"

Der Meister drehte sich zu ihm um und sagte: „Meine Beine bewegen sich, aber mein Geist ist still. Bei dir stehen die Beine still, aber dein Geist ist getrieben von Wut, von Ehrgeiz und Profitgier. Auch jetzt, da sich dein Wunsch erfüllt und du endlich mit mir sprechen kannst, ist dein Geist in Aufruhr, von Leidenschaften und Verlangen aufgewühlt. Darum sagte ich: Ich stehe still, du aber nicht."

Da erkannte der Mann, dass er ein Getriebener war, abhängig von seinen Begierden, unfrei und gekettet an seinen Reichtum und seine Geltungssucht, ein Sklave seiner selbst.

Nachdenklich kehrte er in seine Fabrik zurück, brachte seine Angelegenheiten in Ordnung und übergab sein Lebenswerk in die Hände seines ältesten Sohnes. Dann folgte er dem Meister nach.

38 Konzentration

*E*in junger Mann wollte unbedingt schnell und bequem reich werden. Er spielte Lotto, kaufte Lotterielose, spekulierte mit Aktien, las seine Horoskope, konsultierte Astrologen und betrat eines Tages das Kabinett von Madame Soleil.

„Bitte das volle Programm", sagte der Mann. Die berühmte Wahrsagerin nickte. Sie befragte die Sterne, las seine Handlinien, schaute in die Kristallkugel und legte die Karten. Dann nickte sie wieder. Gespannt und aufgeregt rutschte der junge Mann auf seinem Stuhl herum, und er strahlte übers ganze Gesicht, als Madame Soleil zu ihm sagte:

„Es sieht sehr gut für Sie aus. Denn in Ihrem Garten liegt ein großer Schatz vergraben. Um ihn finden zu können, müssen Sie Folgendes beachten: Gehen Sie beim nächsten Neumond in Ihren Garten und binden sich dann die Augen zu, damit Sie sich besser konzentrieren können. Danach nehmen Sie eine Wünschelrute aus dem Holz des Weidenbaums in beide Hände, und wenn Sie sich vollkommen auf die Bewegung der Wünschelrute konzentrieren, wird Sie diese zwischen Mitternacht und ein Uhr zur richtigen Stelle führen. Aber hüten Sie sich davor, an Nilpferde zu denken!"

In der Neumondnacht tat der Schatzjäger wie ihm geheißen. Mit verbundenen Augen, die Wünschelrute fest in den Händen, tastete er sich durch die Dunkelheit.

Auf einmal hörte man ihn leise fluchen. Dann ein Schrei! Er riss sich die Binde von den Augen und rieb sich die Stirn.

„Zweimal schon hab' ich mir den Kopf angestoßen", schimpfte er. „Und nie im Leben hab' ich an Nilpferde gedacht. Aber jetzt krieg' ich sie nicht aus dem Kopf!"

39 Unbezahlbar

Durch jahrelangen Handel mit Geld und Gütern hatte ein Mann ein großes Vermögen angehäuft. Häuser und Landgüter in verschiedenen Ländern, Luxuswagen und eine herrliche Yacht nannte er sein Eigen. Nichts von alledem hatte er richtig genießen können, denn die Vermehrung und Verwaltung seines Besitzes hatten ihm den größten Luxus nicht verschaffen können, nämlich Zeit für sich zu haben.

Doch genau dies wollte er nun ändern. Er war zu der Einsicht gekommen, dass er Geld genug angelegt hatte, welches sich fast von selbst vermehren würde. Die Verwalter waren tüchtig und zuverlässig, also könne er sich gut ein Jahr der Muße gönnen: einmal nicht an die Geschäfte denken, reisen um des Reisens willen, Landschaften und ihre kulinarischen Erzeugnisse genießen, sich auf seiner Yacht dem Wind und der Weite des Meeres hingeben.

Es kam jedoch anders, als geplant: Ärzte stellten eine todbringende Krankheit fest, deren Ursache sie nicht ergründen und deren Wirkung sie nicht aufhalten konnten.

„Ich gebe euch die Hälfte meines Vermögens, wenn ihr mich in die beste Klinik der Welt bringt, um meinen Tod aufzuhalten!", bot er an.

„Das ist in keiner Klinik der Welt möglich", sagten die Ärzte.

„Ich gebe dem Arzt Dreiviertel meines Besitzes, der in der Lage ist, mir mein Leben noch wenigstens ein halbes Jahr lang zu erhalten!"

„Das ist keinem Arzt möglich", sagten die Ärzte.

„Ich gebe euch alles, was ich habe, wenn ihr mir die Medizin herbeischafft, die mir noch wenigstens einen Monat zu leben vergönnt!"

„Die gibt es nicht", sagten die Ärzte.

„Dann bemüht euch, mich wenigstens so lange am Leben zu erhalten, wie ich brauche, um einige Anweisungen und Gedanken niederzuschreiben!", verlangte der Reiche.

„So viel Zeit wird sein!", versprachen die Ärzte.

In den letzten Stunden seines Lebens verfügte der reiche Mann, dass sein gesamtes Vermögen in eine Stiftung einzubringen sei, welche die medizinische Forschung und die Förderung der menschlichen Lebensgestaltung unterstütze. Als letzten Gedanken fügte er hinzu: „Mit all meinem Geld habe ich mir nicht eine Stunde meines Lebens erkaufen können. Nutze, Mensch, dein Leben und sorge dafür, dass du seinen Wert erkennst."

40 Gerecht

Zwei Freunde hatten die ganze Woche schwer gearbeitet, und da es nun Freitagabend war, wollten sie sich einige schöne Stunden gönnen.

„Gehen wir doch erst ins Badehaus, waschen den Schweiß herunter und entspannen uns! Dann gehen wir in die Moschee, anschließend etwas essen und dann nach Hause."

„Nein, das ist mir viel zu langweilig. Am Wochenende will ich mich austoben. Wir können ja erst ins Badehaus. Aber dann kaufen wir eine Flasche Schnaps und gehen zu den Frauen", schlug der Zweite vor. Weil sie sich nicht einigen konnten, gingen sie nach dem Bad getrennte Wege.

Der Erste ging in die Moschee. Als er nach dem Freitagsgebet wieder nach draußen trat, fiel ein Ziegel vom Dach herab und verletzte ihn arg an der Schulter.

Der Zweite kaufte Schnaps und verbrachte die Nacht mit käuflichen Frauen. Als er im Morgengrauen nach Hause wankte, stieß sein Fuß an einen Geldbeutel, in dem hundert Dinare waren.

Am nächsten Arbeitstag erzählten sie einander, was sie erlebt hatten, und waren über die Wege des Schicksals sehr verwundert. Sie beschlossen, einen Imam über diese Ereignisse zu befragen.

Nachdem er sie angehört hatte, dachte der Schriftgelehrte ein wenig nach und erklärte ihnen dann die Zusammenhänge.

„Dem, der in der Moschee betete, war es eigentlich bestimmt, dass ihm an diesem Tage eine Trage Ziegelsteine von einem Baugerüst herab auf den Kopf hätte fallen sollen, was ihn zweifellos getötet hätte. Da er aber standhaft war und in die Moschee ging, hat der Herr der Welt sich seiner erbarmt, und den Schicksalsschlag gemildert.

Dem anderen war es für diesen Tag zugedacht, dass er einen Geldbeutel mit tausend Dinaren gefüllt hätte finden sollen. Wegen seines Betragens wurde aber beschlossen, seinen Fund um neunhundert Dinare zu kürzen."

41 Theorie

Nach zehn Semestern schloss der junge Mann sein Studium der Psychologie mit der Auszeichnung „summa cum laude" ab. Nun glaubte er, über das Verhalten der Menschen alles zu wissen. Er hatte ihre Beweggründe und ihre Körpersprache studiert, er konnte in ihren Physiognomien und Gesten lesen und ihre Worte interpretieren. Wie aufgeschlagene Bücher waren die Menschen für ihn.

Er hatte seine wenigen Habseligkeiten in sein uraltes Auto gepackt und war damit unterwegs zu seiner ersten Arbeitsstelle. Er freute sich auf die guten Aussichten, sein Wissen anwenden zu können und sich ein glückliches und erfolgreiches Leben aufzubauen, vielleicht sogar eine eigene Praxis. Vor Arbeitsbeginn hatte er noch ein paar freie Tage, die wollte er nutzen, um sich unterwegs in schöner Landschaft noch ein wenig von der anstrengenden Examenszeit zu erholen.

Es war schon gegen Abend, als er noch gemütlich über die Landstraße fuhr und sich überlegte, dass es an der Zeit sei, sich um eine Übernachtung zu kümmern. Doch hatte er seit einer Stunde keinen Menschen mehr gesehen, bei dem er sich nach dem nächsten Hotel hätte erkundigen können, als er eines Mannes gewahr wurde, der aus einem Seitenweg auf die Straße trat.

Er hielt an, um ihn nach dem nächsten Gasthof zu fragen, und wäre am liebsten gleich weitergefahren, denn der Gesichtsausdruck des Fremden schreckte ihn zutiefst ab. Geiz, Gier und Habsucht, Neid, Eifersucht und Rücksichtslosigkeit spiegelten sich in der Miene des Mannes.

„Es geht doch nur um eine Auskunft", beruhigte er sich und kurbelte das Autofenster herunter.

Der Mann bemerkte, dass seine Aufmerksamkeit verlangt wurde, und schlagartig, als hätte man ihm ein hässliches Tuch vom Kopf gezogen, veränderte sich sein Gesichtsausdruck. Und als er gar hörte, dass der Herr im Auto eine Übernachtungsmöglichkeit suchte, war er auf einmal die Liebenswürdigkeit selbst.

„Werter Herr", sagte er mit angenehmer Stimme, „einen Gasthof, der Zimmer vermietet, finden Sie hier weit und breit nicht. Fremde kommen selten in diese Gegend, da lohnt es sich nicht. Aber ich wäre glücklich, wenn ich Ihnen mein armseliges Häuschen anbieten dürfte. Da hätten sie ein kleines Zimmer ganz für sich allein. Keiner stört Sie, und mir wäre es eine große Ehre, Ihnen eine Freude bereiten und in der Not behilflich sein zu können. Es wird schon dunkel, und Sie müssten wenigstens noch zwei Stunden fahren, bevor Sie in der Kreisstadt ein kleines Hotel erreichen, und wer weiß, ob sie dort etwas frei haben."

So redete er freundlich auf den Fahrer ein, und der junge Psychologe war schlichtweg fasziniert von der Veränderung, die er an dem Alten wahrgenommen hatte.

„Äußerst interessant!", dachte er sich, und ihn begann die Vorstellung zu reizen, das Bild, das er sich aufgrund seines Studiums von dem Erscheinungsbild des Mannes gemacht hatte, in der Praxis zu prüfen; denn der erste Eindruck und das liebenswürdige Verhalten standen doch im krassen Widerspruch zu einander.

Er beschloss, das kleine Abenteuer zu wagen, und nahm die Einladung an.

Zwar war das Haus des Alten wirklich klein, und das ihm zugewiesene Zimmer enthielt nur ein Bett und einen Stuhl, aber er war ja nicht verwöhnt, die Sachen waren sauber, und er hatte ein Dach über dem Kopf. Sein Gastgeber entschuldigte sich tausendmal, dass er ihm nur ein kärgliches Mahl aus Brot, Butter, Schinken, Wurst und Rührei vorsetzen konnte, doch der Wein war gut und der Schnaps floss reichlich, und so schlief der junge Gelehrte tief und fest.

Und als er am Morgen in die Stube trat, da war der Tisch freundlich gedeckt mit hellem Geschirr, mit Wurst- und Käsesorten, verschiedenen Konfitüren, das Brot roch frisch, und der Kaffee duftete einladend. Sein Gastgeber ließ es sich nicht nehmen, ihn aufmerksam zu bewirten und ihn ständig zu ermuntern, nur ja zuzulangen, es sei reichlich da. Er überschlug sich geradezu vor Höflichkeit, Güte und Aufmerksamkeit, und trotz seiner Skepsis ließ es sich der Gast drei Tage und Nächte lang wohl ergehen. Er musste regelrecht energisch werden, um seinen Wirt von der Notwendigkeit seiner Weiterreise zu überzeugen, und fürchtete schon, ihn in seiner Gutherzigkeit verletzt zu haben, als der Alte seufzend die Augen zum Himmel hob und schicksalsergeben nickte.

Seine Habseligkeiten waren bald im Auto verstaut und der Abschied war gekommen. Gerührt von der Gastfreundschaft des Alten schüttelte er ihm herzlich die Hand, und während der Alte noch die Worte des Lobes und des Dankes mit der linken Hand abwehrte, als seien sie ihm unangenehm, überreichte er seinem Gast einen Briefumschlag.

„Was ist das?", fragte der junge Gelehrte.

„Ihre Rechnung, Herr", sagte der Wirt, und als hätte dieser Satz das lang ersehnte Stichwort gegeben, verzog sich mit einem Mal sein Gesicht zu einer garstigen Fratze. „Und bitte, gleich bezahlen", fügte er mit ätzender Stimme hinzu.

„Be-zah-len?", stotterte der Gast und fühlte sich, als hätte man ihm den Boden unter den Füßen weggezogen.

„Ja, was denn sonst? Meinst du Schmarotzer denn, du könntest hier ganz einfach wie die Made im Speck leben? Du lässt dich von allen Seiten bedienen, säufst mir den Keller leer und glaubst, dafür keinen Pfennig bezahlen zu müssen? Ihr widerwärtigen Schnorrer und Faulenzer aus der Stadt, ich werd's euch zeigen!", tobte der Alte.

Und während der junge Gelehrte noch wie gelähmt auf die vielfach überhöhte Rechnung starrte und murmelte, dass er so viel Geld gar nicht habe, hatte der Alte ihm schon die Reisetasche entrissen, zerrte ihm mit gierigen Krallen die Uhr vom Handgelenk und fluchte: „Dann nehme ich, was ich kriegen kann, Bürschchen!"

Weil nach seiner Berechnung immer noch nicht genug zusammengekommen war, um seine Forderungen zu begleichen, nahm er seinem Gast auch noch das alte Auto, schob ihn zum Haus hinaus, warf krachend die Tür hinter ihm zu und drehte zweimal den Schlüssel um.

Einen Schritt vor den anderen setzend kam der junge Gelehrte langsam wieder zu sich. Seine grausame Situation bedenkend, nickte er immer wieder mit dem Kopf und murmelte vor sich hin: „Hatte ich doch Recht! Ich wusste es doch! Gott sei Dank, dass mein Studium nicht vergeblich war!"

42 Abrechnung

Der Zaddik Rabbi Elimelech aus Lisansk sagte einmal zu seinen Schülern: „Wenn ihr wissen wollt, wie man den Vorabend des Jom Kippur begehen sollte, dann schaut euch einmal an, wie es unser Schneider macht."

Als der Versöhnungstag bevorstand, schlichen sich die Schüler zum Häuschen des Schneiders und spähten durch die niedrigen Fenster. Sie sahen, wie der Schneider seine Gebete verrichtete. Anschließend legten er und seine Söhne die Sabbatkleider an, der Tisch wurde festlich mit köstlichen Speisen gedeckt, und man setzte sich zum Essen.

Der Schneider holte ein kleines schwarzes Notizbuch hervor, in welches er alle Sünden aufgezeichnet hatte, die er seit dem letzten Jom Kippur begangen hatte. Er schlug sein Büchlein auf und sagte: „O Herr, nun ist die Stunde gekommen, in der wir alle unsere Sünden bekennen und einander verzeihen müssen."

Dann las er mit lauter Stimme alle seine Verfehlungen vor. Als er damit fertig war, nahm er ein viel größeres und dickeres Notizbuch zur Hand und schlug es auf. Und wieder sagte er: „O Herr, da wir unsere Sünden gestehen und einander verzeihen sollen, werde ich nun in dieser Stunde der Abrechnung auch deine Sünden vorlesen."

Und dann las er mit lauter Stimme alle Sorgen, Krankheiten, Verluste Missgeschicke und Schicksalsschläge vor, die er und seine Söhne im Verlaufe des Jahres erlitten hatten. Als er zum Ende gekommen war sagte er: „O Herr, wenn wir ehrlich miteinander abrechnen, wirst du zugeben müssen, dass deine Liste länger ist und du mehr Schuld auf dich geladen hast als ich. Aber morgen ist Jom Kippur, und darum will ich mit dir nicht kleinlich sein. Vergib du mir meine Sünden, und ich vergebe dir deine Sünden."

Dann füllte er die Gläser mit Wein, stieß mit seinen Söhnen an und rief: „Lechaim, allmächtiger Gott, wir verzeihen einander unsere Sünden!"

Aufgeregt und verwirrt eilten die Schüler zum Rabbi zurück und berichteten, was sie erlebt hatten. Sie waren sich darin einig, dass des Schneiders Verhalten eine Unverschämtheit, eine Anmaßung, ja, eine Gotteslästerung sei.

Da lächelte des Rabbi und sagte: „Wisset, dass an diesem Tage der Allmächtige und alle seine himmlischen Heerscharen sich um das Haus des Schneiders versammeln, um ihn zu hören, und dass in allen Welten große Freude herrscht über die Worte des Schneiders!"

43 Bemerken

Der Abt eines Zen-Klosters beauftragte einen Maler, das Dach der Tempelhalle möglichst naturalistisch mit dem Bild eines Drachens zu schmücken.

„Aber es war mir noch nie vergönnt, einen Drachen zu sehen!", klagte der Maler. „Wie sollte es mir dann möglich sein, ihn naturgetreu zu malen?"

„Aber hier sind genügend Drachen um uns herum!", erwiderte der Abt. „Du brauchst dich doch nur umzusehen."

Um sehen zu lernen, was der Abt sehen konnte, übte sich der Maler fortan in der Zen-Meditation. Nach mehreren Jahren geduldigen Lernens eilte er eines Morgens zum Abt und rief aufgeregt: „Meister, Meister, jetzt habe ich den Drachen leibhaftig gesehen!"

„Das ist ja wunderbar", gratulierte der Meister. „Und nun sage mir: Hat dich sein Gebrüll auch so beeindruckt?"

44 Kostbar

Ein armes Beduinenpaar zog seit Jahren mit seinen beiden Kamelen durch die unendlichen Weiten der Wüste. Not und Entbehrung war ihr Alltag und selten genug konnten sie einige Seile, die sie aus Palmfasern geflochten hatten, an vorbeiziehende Karawanen gegen ein paar Datteln eintauschen. Manchmal fingen sie eine kleine Echse, die zwischen den Felsspalten lebte, meistens rösteten sie Maden und Insekten auf dem kleinen Feuer aus Kameldung und tranken brackiges Wasser aus uralten Brunnen.

Eines Tages trafen sie bei ihrer Wanderung auf ein Rinnsal, das es zuvor in dieser Gegend nicht gegeben hatte. Vor ihren Füßen trat es aus der Erde und war ihnen wie ein Geschenk, das ihnen der Himmel gesandt hatte. Das Wasser war etwas trüb und auch ein wenig salzig, doch es schien ihnen das Wasser des Paradieses selbst zu sein, denn solche Köstlichkeit hatten sie lange nicht genossen.

„Solch wunderbares Wasser können wir nicht alleine für uns behalten", sagte der Mann. „Ich will es dem Herrscher persönlich bringen, denn er wird diese Köstlichkeit gewiss zu schätzen wissen."

Er füllte zwei Schläuche, einen für seine Reise und einen für den Herrscher, und machte sich auf den Weg. Nach mehreren Tagesreisen kam er an den Palast des Kalifen, und nachdem er der Wache die Begebenheit und seinen Wunsch vorgetragen hatte, wurde er in die Audienzhalle und vor den Herrscher geführt, wie es Sitte war.

Er warf sich ihm zu Füßen und sagte: „Ich bin nur ein armer Beduine, der in der Wüste geboren wurde und in der

Wüste lebt. Darum kenne ich sie gut, kenne ihre Gefahren und ihre Wunder und alle ihre Brunnen. Doch niemals habe ich ein größeres Wunder erlebt und besseres Wasser getrunken als aus dieser Quelle, die sich plötzlich vor uns auftat. Darum bringe ich dir dieses köstliche Wasser des Paradieses, damit du dich daran erfreust."

Wasser wurde aus dem Schlauch in einen goldenen Becher gefüllt und dem Kalifen gereicht. Obgleich er sah, dass das Wasser nicht wie üblich im Becher funkelte, sondern eher etwas trübe aussah, nahm er einen Schluck, und wenn es ihm auch nicht schmeckte, so ließ er es sich doch nicht anmerken.

Dann unterbrach er die Stille der gespannten Erwartung und befahl den Wachen, den Beduinen zu ergreifen und sofort ins Gefängnis zu bringen. Und er solle nichts und niemand zu Gesicht bekommen. Da wurde dem entsetzten Beduinen ein Tuch über den Kopf geworfen, und er wurde in ein dunkles Verlies gesteckt.

Später, als der Kalif mit seinem Wesir alleine war, antwortete er auf dessen Frage über das sonderbare Urteil: „Für den Beduinen bedeutet das Wasser alles, für uns ist es nichts. Was er für das Wasser des Paradieses hält, ist für uns eine ungenießbare Brühe. Doch wünschte er, uns an dem teilhaben zu lassen, was ihm das Wertvollste ist. Lass ihn darum, wenn es Nacht ist, zu mir bringen. Und man soll ihm Essen bringen, aber kein Wasser, damit er mit dem Inhalt seines Schlauches vorlieb nehmen muss."

Als der Beduine durch eine gute Mahlzeit gestärkt wieder vor den Kalifen trat, übergab ihm dieser einen Beutel mit Goldstücken.

„Um dich vor Neidern zu schützen, übergebe ich dir diesen Beutel erst jetzt. Und ich ernenne dich zum Bewacher der von dir entdeckten Quelle, und jeder, der auf seinem Weg durch die Wüste zu dir kommt, soll wissen, dass die Quelle durch dich geschützt ist und du durch mich. Gehe denn hin, und bewache die Quelle in meinem Namen."

Durch die Dunkelheit führten die Wachen den Beduinen auf geheimen Wegen aus dem Palast und zur Stadt hinaus, damit seine Ohren nicht das Plätschern der Wasserspiele im Park vernahmen und seine Augen keinen der Teiche erblickten.

45 Geheim

„Meister, ich bitte dich", sagte ein Schüler, „verrate mir das Geheimnis den Lebens."

„Das kann ich nicht", wehrte der Meister ab.

„Warum nicht?"

„Weil es ein Geheimnis ist."

46 Wunschlos

Ein Fischer zog sein Netz ein und fand darin eine alte Flasche. Er öffnete sie und erschrak nicht schlecht, als ihr ein gewaltiger Geist entstieg.

„Weil du mich befreit hast, gewähre ich dir drei Wünsche. Sag' mir deinen ersten Wunsch."

„Ich wünsche mir", sagte nachdenklich der Fischer, „dass du mich so klug machst, dass meine beiden anderen Wünsche vollkommen sind."

„Gewährt!", dröhnte der Geist. „Und nun deine Wünsche zwei und drei."

„Besten Dank!", sagte der Fischer. „Ich habe keine Wünsche mehr."

III. Das Gewicht der Welt

47 Belastend

Die Wolken hatten sich verdunkelt und in der Ferne zuckte der erste Blitz. Eine Amsel lag auf dem Rücken und hielt ihre Beine starr gegen den Himmel gestreckt. Neugierig kam ein Hase herbei gehüpft und fragte verwundert, was sie da mache.

„Ich stütze den Himmel, damit er nicht auf mich fällt", ächzte zitternd vor Anstrengung die Amsel.

„Du willst mit deinen dünnen Beinchen den Himmel halten? Das geht doch gar nicht", verwunderte sich der Hase.

„Verschwinde, denn davon verstehst du nichts", japste die Amsel. „Jeder hat seinen eigenen Himmel!"

Da löste sich vom nahen Lindenbaum ein Blatt und fiel neben der Amsel zur Erde. Über diesen Vorboten des Weltuntergangs erschrak die Amsel so sehr, dass sie mit einem Ruck sich umdrehte und eilends davonflog. Der Himmel aber blieb, wo er war.

48 Problem

Ferien auf dem Bauernhof – das schienen dem Richter und seiner Gattin die richtige Erholung für sich und die beiden kleinen Söhne zu sein. Da konnten die Jungen herumtollen, und unter Obstbäumen sitzen und lesen.

Nach einer ruhigen Woche wurde es dem Richter langweilig. Die nähere Umgebung hatten sie schon erwandert, und immer nur zu lesen war auf die Dauer auch nicht entspannend. Er hatte Lust, dem Bauern ein wenig zur Hand zu gehen, und sprach ihn darauf an.

Der Bauer wollte sich seine Skepsis nicht anmerken lassen, die er bezüglich der landwirtschaftlichen Eignung des Richters und seines Einsatzes bei schwerer körperlicher Arbeit hegte. Doch dann hatte er eine geeignete Aufgabe gefunden, und er führte den Richter in die Scheune.

„Die Kartoffeln müssen sortiert werden", erklärte der Bauer seinem Gast, schleppte die Kartoffelsäcke heran und leerte den ersten Sack aus. „Machen Sie einfach drei Haufen: einen für kleine, einen für mittlere und einen dritten für große Kartoffeln!"

Dann nickte er dem Richter aufmunternd zu und fuhr hinaus aufs Feld.

Es dämmerte schon, als er von seiner Arbeit zurückkam. Rasch wollte er noch nach den Kartoffeln sehen, um sich später beim Richter zu bedanken. Er ging in die Scheune und war nicht schlecht erstaunt, als er den Richter dort antraf.

Hochrot im Gesicht, mit wirrem Haar, hielt der ihm eine Kartoffeln hin und stammelte: „Ist das eine kleine, eine große oder eine mittlere?"

49 Schmerz

Ein Patient klagt in der Sprechstunde über heftige Schmerzen am ganzen Körper.

„Wenn ich, Herr Doktor, mit dem Finger meinen Kopf berühre, habe ich Schmerzen, berühre ich meinen Hals, habe ich Schmerzen, berühre ich meinen Bauch, habe ich Schmerzen, sogar wenn ich meinen Fuß berühre, komme ich vor Schmerzen fast um. Was soll ich nur machen? Ich hoffe, Sie können mir helfen!"

Der Arzt untersuchte ihn sorgfältig. Dann sah er seinen Patienten mit ernster Miene an und sagte:

„Ja, mein Lieber, dein Körper ist gesund. Aber dein Finger ist gebrochen."

50 *Gepackt*

Das Wesen der Leidenschaft erklärte der Meister mit folgender Geschichte:

„In einem armseligen Dorf wohnte ein Lehrer, der kaum das Nötigste zum Leben hatte. Er besaß als Kleidung nur ein altes, grobes Hemd und im Winter drohte er gar zu erfrieren.

Da geschah es in jenem Winter, dass ein Unwetter in den Bergen den Fluss in einen reißenden Strom verwandelte. Die gefährliche Strömung erfasste auch einen Bären. Halbtod trieb er, den Kopf unter Wasser, am Dorf vorüber, als Kinder ihn entdeckten.

‚Da schwimmt ein Bärenfell im Wasser!', riefen sie dem Lehrer zu. ‚Schnell, hol es dir! Dann hast du etwas, was dich vor der Kälte schützt!'

In seiner Not und Bedürftigkeit sprang der Lehrer in die tosende Flut, kämpfte sich durch die Strömung und krallte sich fest in das Fell. Da versetzte ihm der Bär einen Prankenhieb, und der Lehrer geriet in größte Gefahr.

Die Kinder am Ufer beobachteten das dramatische Schauspiel und aus Angst um das Leben ihres Lehrers riefen sie ihm zu: ‚Schnell, schnell, bring' das Fell! Wenn du es nicht schaffst, dann lass es los, sonst treibst du in den Tod!'

‚Ich will das Fell ja loslassen', rief der Lehrer, ‚aber das Fell will mich nicht freigeben!'"

51 Loslassen

„Wer nicht nachgeben und nicht loslassen kann, darf sich über den Schaden nicht wundern", sagte der Meister und erzählte die Geschichte von der Muschel und der Schnepfe.

„Eine Muschel sonnte sich am Strand und hatte ihre Schalen geöffnet. Das lockte eine Schnepfe herbei, der das weiche Fleisch der Muschel vorzüglich schmeckte. Doch kaum hatte ihr spitzer Schnabel die Muschel im Innern berührt, da schnappten ihre Schalen zu.

‚Wenn du nicht loslässt, bist du in spätestens zwei Tagen vertrocknet', presste die Schnepfe zwischen ihrem Schnabel hervor.

‚Wenn ich nicht loslasse, bist du in spätestens zwei Tagen verhungert', presste die Muschel zwischen ihren Schalen hervor.

Und während sie noch stritten, kam ein Fischer vorbei und fing sie beide."

52 Trauerarbeit

*D*er Kummer um den frühen Tod ihres einzigen Kindes brachte die junge Frau fast um den Verstand. Die Nachbarn wollten sie trösten und empfahlen ihr, den berühmten Weisen aufzusuchen, der zwei Tagesreisen entfernt in einem Kloster lebte. Sie hofften, dass die kleine Reise das Leid der Trauernden etwas lindern würde.

Die verzweifelte Frau machte sich auf den Weg, und unter Wehklagen flehte sie den Meister an, ihren Sohn wieder lebendig zu machen.

„Bringe mir Senfkörner aus einem Haus, in dem noch nie jemand ein Leid erfahren musste, so will ich meine Kräfte dafür einsetzen, deinem Sohn das Leben zurückzugewinnen", forderte er die Mutter auf.

Von neuer Hoffnung erfüllt, verließ sie den Tempel und betrat gleich das nächste Haus, um ihre Bitte vorzubringen.

„Kein Leid – was meinst du denn damit? Schau dir den geschwollenen Leib meiner kleinen Tochter an. Sie hat schlechtes Wasser getrunken, und die Koliken bringen sie fast um."

Da bekam die Trauernde Mitleid mit dem kleinen Mädchen, und sie wusste wohl, wie auch die Mutter der Kranken litt. Sie half bei der Zubereitung eines besonderen Tees, dessen spezielle Zutaten ihr bekannt waren, und kümmerte sich mit der Mutter um die Kranke, bis das Fieber gesunken war.

Dann ging sie fort bis zu einem Haus, das reich und wohlhabend aussah, da in einem schönen Garten auch ein eigener Brunnen war.

„Wer so reich ist und einen Brunnen besitzt, der hat bestes Wasser und kennt sicher kein Leid", dachte sie.

Verwundert darüber, dass die Türen offen standen, trat sie ins Haus, doch niemand empfing sie. Zögernd ging sie weiter und sah sich in den reich ausgestatteten Räumen staunend um. „Hier kann es einem ja nur gut gehen", sagte sie sich und öffnete vorsichtig eine Zimmertür.

Da lag in herrlichen Gewändern eine wunderschöne Frau auf einem prächtigen Diwan, die mit weit geöffneten Augen kummervoll vor sich hinstarrte. Nach einigen Rufen wandt die Schöne ihren tränenschweren Blick der Besucherin zu und hatte wohl Mühe, deren Bitte zu verstehen.

„Mein Geliebter, mit dessen Kind ich schwanger bin, hat mich um einer anderen willen verlassen, weil er meinen Anblick nicht ertragen konnte. Was soll nur aus meinem Kind und mir werden, wenn sich niemand um uns kümmert?"

Da blieb die Frau, bis das Kind zur Welt gekommen war, und sie freute sich mit ihrer Leidensgenossin über die glückliche Geburt eines gesunden Jungen.

Umso mehr fühlte sie sich ihrer Suche nach den heilbringenden Senfkörnern verpflichtet, und sie machte sich wieder auf den Weg, um ein Haus ohne Leid zu finden.

Doch wohin sie auch kam, immer erzählten ihr die Menschen von den schweren Schicksalsschlägen, die sie getroffen hatten: Da war eine Ernte verdorben, da war jemand vom Baum gestürzt, da war einer auf dem Meer geblieben, da war eine Hütte abgebrannt, da war der Ernährer gestorben – und sie, die selber ein schweres Schicksal trug, versuchte zu helfen und zu trösten, denn sie verstand das Leid der Menschen.

Und allmählich fühlte sie, dass sie ihren eigenen Schmerz tragen konnte, und sie gab ihm zusammen mit der glücklichen Erinnerung einen Platz in ihrem Herzen.

Nach Hause zurückgekehrt, wunderten sich alle über ihre Seelenruhe, besuchten sie gerne und erfragten ihren Rat.

53 Botschaft

Ein Handelsherr hielt einen wunderschönen Papagei, mit dem er auch sprechen konnte, in einem goldenen Käfig. Da er geschäftlich in die ferne Heimat des Vogels reisen musste, fragte er ihn, ob er ihm etwas mitbringen solle.

„Das einzige Geschenk, das ich mir von dir erbitte, ist meine Freiheit", sagte der Papagei. „Da du mir die nicht geben willst, kannst du es auf deiner Reise vielleicht so einrichten, dass du meinen Brüdern und Schwestern im Urwald von mir erzählst, dass ich lebe, allerdings in Gefangenschaft."

Nachdem der Kaufmann seine Geschäfte abgewickelt hatte, ging er in den Dschungel, und an einem Ort, an dem bunte Vögel im goldgrünen Licht umherflogen, erzählte er von seinem Papagei, der bei ihm zu Hause in einem goldenen Käfig lebe. Kaum hatte er geendet, da fiel ihm aus den Zweigen ein Papagei wie tot vor die Füße.

„Vielleicht ist dieser Vogel ein Verwandter meines Papageien, und die Nachricht hat ihn zu Tode getroffen", dachte betrübt der Kaufmann. Doch auf der Heimreise vergaß er den Vorfall und erinnerte sich erst wieder daran, als sein Papagei ihn fragte, ob er gute Nachrichten aus seiner Heimat mitbringe.

„Leider nein", sagte der Kaufmann und erzählte von den Ereignissen im Dschungel. „Einer deiner Verwandten fiel tot um, direkt vor mich hin, als ich von dir und deinem Leben bei mir erzählte. Es tut mir sehr leid ..."

Doch da war der Papagei schon von seiner Stange gefallen. Den Schnabel leicht offen, die Krallen nach oben gestreckt, lag er erstarrt und wie tot auf dem Käfigboden.

„Ich bin der Überbringer schrecklicher Nachrichten", dachte der Kaufmann. „Nun hat die Botschaft vom Tod seines Verwandten auch ihn umgebracht."

Sehr traurig nahm er seinen Liebling auf und legte ihn behutsam auf die Bank des geöffneten Fensters. Als hätten die Sonne und der Wind ihn plötzlich wiederbelebt, flog der Papagei eilends auf einen nahen Baum.

„Verstehst du nun, dass manches ganz anders ist, als du denkst?", rief ihm der Vogel zu. „Was du für ein Unglück ansahst, war für mich eine gute Nachricht. Und du selbst, der du mich gefangen hieltest, hast mir die Botschaft gebracht, die zu meiner Befreiung führte."

Und er flog glücklich davon.

54 Verlockend

Der Meister sagte: „Wenn du dich nicht bemühst, dich selbst in deinem Inneren zu verbessern, sondern dich nur auf äußere Hilfsmittel verlässt, wirst du ein schlimmes Ende nehmen.

Denn der Jäger, der mit den Tönen seiner Bambuspfeife das scheue Reh locken wollte, machte den Wolf aufmerksam, der dem Ruf des Rehes folgte. Da erschrak der Jäger, und um den Wolf zu vertreiben, ahmte er das Fauchen des Tigers nach. Da rannte der Wolf davon und, vom Fauchen angelockt, schlich ein großer Tiger näher. Der Jäger schlotterte vor Angst. Um den Tiger zu vertreiben, ahmte er das Brummen des Bären nach. Da eilte der Tiger davon. Die Büsche teilten sich, und die Lichtung betrat ein gewaltiger Bär, auf der Suche nach dem vermeintlichen Artgenossen. Als er aber nur das zitternde Jägerlein entdeckte, erjagte er sich sein Frühstück mit einem einzigen Prankenhieb."

55 Herzlich

Eine Mutter kam mit ihrem siebenjährigen Sohn in die Sprechstunde des Therapeuten, weil der Kleine immer so unruhig und unkonzentriert sei, wie sie erklärte. Der Therapeut fragte die Mutter nach dem Tagesablauf des Jungen.

„Also, wenn er nicht trödelt, kommt er gegen ein Uhr aus der Schule nach Hause. Dann gibt's ein schnelles Mittagessen ..."

„Was heißt schnelles Mittagessen?", unterbrach sie der Therapeut.

„Meistens etwas aus der Mikrowelle, was gerade da ist, ich hab ja auch nicht viel Zeit, denn um zwei Uhr fahre ich ihn einmal in der Woche zum Klavierunterricht, zweimal zum Sport, Schwimmen und Fußball, und natürlich hole ich ihn auch wieder ab, denn er muss ja noch Hausaufgaben machen. Aber dann ist er nur unruhig und wird nicht fertig, will Fernsehen gucken oder am Computer spielen, und dann gibt es jedes Mal Streit, und deswegen sind wir hier."

„Lassen Sie den Jungen für eine Stunde bei mir. Ich will sehen, was ich für ihn tun kann."

„Ist gut", sagte die Frau, die schon mehrmals auf die Uhr geschaut hatte, „ich muss ohnehin noch zum Friseur, mein Mann und ich haben heute Abend Gäste. Setzen Sie meinen Sohn einfach ins Wartezimmer, ich hol' ihn dann ab."

Als sie allein waren, forderte der Therapeut den Kleinen auf, sich auf der Liege auszustrecken. Dann legte er sich neben ihn, nahm ihn in seine Arme, so dass das Ohr des Jungen an seinem Herzen lag, und sagte kein Wort.

Nach einer Stunde brachte er den Jungen ins Wartezimmer und bat ihn, nicht wegzugehen, bevor er nicht noch mit seiner Mutter hätte sprechen können.

Einige Zeit später schob die frisch frisierte Frau ihren Sohn nochmals ins Sprechzimmer.

„Ich wollte Ihnen nur sagen, dass ich Ihrem Sohn ins Gewissen geredet habe. Er wird jetzt ruhiger sein. Aber ich glaube, dass ich ihn noch öfter sehen werde."

56 Vereint

Vier Reisende aus vier verschiedenen Nationen hatten sich zufällig auf dem Marktplatz getroffen. Sie beschlossen, das wenige Geld, das sie ausgeben konnten, zusammenzulegen und gemeinsam etwas zu kaufen, was sie einzeln nicht hätten erstehen können.

„Ich will uva!", rief der Italiener.

„Besser wir kaufen druiventros!", empfahl der Holländer.

„Nein, lasst uns raisins kaufen!", verlangte der Franzose.

„Grapes zu kaufen scheint mir das einzig Vernünftige zu sein!", sagte der Engländer.

Und da sie die Bedeutung der fremden Begriffe nicht kannten, gerieten sie miteinander in Streit.

Einer der Umstehenden hatte den Wortwechsel mit angehört und bot an, zwischen ihnen zu vermitteln. „Ich werde alle eure Wünsche mit dem bisschen Geld, das ihr habt, erfüllen. Wenn ihr mir vertraut, wird jeder bekommen, wonach er verlangt, und keiner wird zu kurz kommen. Ich werde aus vier Wünschen einen machen, und vier streitende Menschen werden sein wie ein glücklicher Mensch!"

Verwundert über diese Einmischung, vorgetragen in einem mit fremden Vokabeln durchsetzten Wortschwall, den sie irgendwie verstanden hatten, gaben sie ihm nicht ohne Skepsis ihr Geld, hoffend auf das Wunder, das ihnen versprochen worden war.

Der Einheimische ging mit ihrem Geld zum Händler und brachte ihnen in Fülle, wonach sie verlangt hatten: Weintrauben.

57 Anfang

Der Krieg war in aller Munde. Zwar waren die Kämpfe fern, doch waren die Eltern verunsichert, wie sie ihren Kindern das grausame Geschehen erklären sollten, das sich auch in ihre Wohnungen drängte.

„Papa, wodurch entstehen eigentlich Kriege?", fragte der kleine Junge seinen Vater.

Der Vater schaute über den Zeitungsrand, sah nachdenklich seinen Sohn an und sagte: „Angenommen, zwei benachbarte Länder leben friedlich nebeneinander, wie zum Beispiel Kanada und USA, dann will das eine Land etwas haben, was das andere Land nicht hergeben will. Dann schickt Kanada seine Soldaten in die USA ..."

„Erzähl dem Kind doch nicht solchen Unsinn!", rief die Mutter. „Kanada hat nie Krieg gegen die USA geführt."

„Was mischst du dich ein?", wehrte sich der Vater. „Ich hab doch nur an einem Beispiel ..."

„Deine Beispiele sind so aus der Luft gegriffen, die stiften doch mehr Verwirrung, anstatt irgendetwas zu verdeutlichen. Es ist doch absolut nicht wahr, dass Kanada gegen Amerika Krieg geführt hat."

„Willst du mich vor dem Kind als Lügner hinstellen? Ich versuche nur etwas zu erklären, und du kritisierst und meckerst an mir herum. Wenn du meinst, du könntest es besser, dann erklär' es doch selber. Ich sag' überhaupt nichts mehr!"

„Wie redest du denn vor dem Kind mit mir? Kannst du dich denn gar nicht beherrschen? Immer musst du ..."

„Hört auf zu streiten!", rief der Sohn dazwischen. „Ich kann mir jetzt sehr gut vorstellen, wie Kriege anfangen."

58 Wertvorstellung

Zwei benachbarte Fürstentümer lagen miteinander im Streit, da sie beide den Besitzanspruch auf den Damm erhoben, der ihre Länder vor Hochwasser schützte. Nun wollten sie die Entscheidung im Krieg erzwingen.

Als der Meister erfuhr, dass sich die feindlichen Truppen bereits gegenüberstanden und jederzeit ein sinnloses Gemetzel ausbrechen konnte, versuchte er, das Schlimmste zu verhindern. Er eilte zu den Feldlagern und bat die beiden Fürsten, sich mit ihm zu einem letzten Schlichtungsversuch auf dem Damm zu treffen.

„Hat dieser Damm, der die Menschen in euren Fürstentümern schützt, über diesen Nutzen hinaus noch einen weiteren Wert?", fragte der Meister die beiden Machthaber.

„Nein, er hat keinen Wert für sich allein", antworteten sie.

„Wenn ihr nun gegeneinander Krieg führt, werden dann nicht sehr viele eurer Männer und vielleicht auch ihr selber getötet werden?"

„Ja, das ist möglich."

„Und hat dieses euer aller Blut, das um des Dammes willen vergossen werden wird, und die Leben, die geopfert werden, einen geringeren Wert als dieser Damm?".

„Nein, ganz sicher nicht", antworteten die Fürsten. „Das Leben eines jeden Menschen übersteigt jeden Wert."

„Wollt ihr nun das unendlich Kostbare gegen etwas eintauschen, das keinen eigenen Wert hat?", fragte der Meister.

Durch diese Frage löste sich die Verblendung in den Köpfen der Kontrahenten, und sie versprachen, eine friedliche Lösung des Konflikts zu finden.

59 Betreffend

Der Meister hatte einem Schüler einige beschwerliche Aufgaben übertragen, die für den verwöhnten Sohn aus reichem Hause nicht leicht zu bewältigen waren.

Dies wurde der Mutter des Schülers hinterbracht, die als Ärztin zu Ansehen und Reichtum gelangt war. Sofort ließ sie sich zum Meister fahren und beschwerte sich bei ihm über die ihrem Sohne aufgebürdeten Strapazen.

„Dazu ist er doch viel zu schmächtig und zu zart gebaut", klagte sie. „Ich schicke gleich vier kräftige Diener, die sich seiner Aufgabe annehmen!"

„Gute Frau", entgegnete der Meister. „Sie sind doch Ärztin. Was meinen Sie: Wenn Ihr Sohn hohes Fieber hat, soll ich die Medizin dann seinen Dienern geben, und nicht ihm?"

60 Ratschläge

Einen alten Vater plagten die Sorgen um seinen missratenen Sohn. Er war davon überzeugt, dass nach seinem Tode der Sohn das Erbe bald durchbringen würde und dann verarmt und verachtet sein Leben fristen müsste.

Er ging zum Meister und erzählte ihm von seinem Kummer. „Du sagtest, dass dein Sohn gerne und viel trinkt, seine Freunde aushält, den leichten Mädchen nicht abgeneigt und außerdem ziemlich jähzornig ist, dich andererseits aber nie belogen hat. Darum will ich dir drei Ratschläge geben, die dein Sohn befolgen soll. Wenn er dir dies verspricht, bist du von deinen Sorgen befreit."

Der Alte merkte sich die Empfehlungen des Meisters und dankte ihm für seine Hilfe. Schon jetzt war es ihm leichter ums Herz, da er wieder Hoffnung für die Zukunft seines Sohnes gefunden hatte.

Als er nun bald darauf spürte, dass seine letzte Stunde näher rückte, rief er seinen Sohn zu sich und bat ihn, ihm als seinem letzten Willen zu versprechen, in Zukunft folgende drei Ratschläge zu beherzigen:

„Mein erster Rat ist dieser: Wenn du unbedingt ins Wirtshaus gehen willst, dann gehe erst zwei Stunden nach Mitternacht dorthin. Mein zweiter Rat lautet: Wenn du zu einem Mädchen gehen willst, dann gehe erst zwei Stunden nach Sonnenaufgang zu ihr. Und mein dritter Rat heißt: Wenn du am Abend in Zorn gerätst, dann unternimm nichts bis zum Morgen."

Der Sohn versprach, diese Wünsche seines Vaters zu befolgen, und so konnte der Alte beruhigt sterben.

Nachdem die Trauerzeit vorüber war und der Alltag in das Leben des Sohnes wieder Einzug gehalten hatte, gelüstete es ihn eines Abends heftig, ins Wirtshaus zu gehen und mit seinen Freunden ein paar Gläser zu leeren. Allein, er besann sich auf sein Versprechen, und er harrte aus, bis er zwei Stunden nach Mitternacht seine Stammkneipe betrat. Doch seine fröhlich Erwartung verwandelte sich in Ekel, als er die zu dieser Zeit längst abgefüllten Zechkumpane im Vollrausch in der Ecke und auf dem Boden liegen sah. Voller Abscheu ging er fort und schwor sich, niemals im Leben dorthin zurückzukehren.

Er brauchte einige Tage, um diese Erfahrung zu verkraften, doch dann wollte er endlich wieder ein Mädchen besuchen. Das Versprechen fiel ihm ein, das er seinem Vater gegeben hatte, und so bezwang er sein Begehren und klopfte erst um zwei Stunden nach Sonnenaufgang an die Tür der Schönen. Eine verschlafene Schlampe öffnete und schnauzte ihn mit verrauchter Stimme an, was er um diese Zeit hier wolle, er solle sich gefälligst zum Teufel scheren. Die Stimme hörte der Besucher wohl und verstand die Bedeutung der Worte, er aber wandte seinen Blick nicht ab von dem Gesicht der Frau, in dem Kajal und Schminke verschmiert waren, die nachts ihre Schönheit ausmachten, sah die Haare, die in verschwitzten Strähnen vom Kopf abstanden, und bemerkte den zerknitterten Unterrock, dessen Träger von der Schulter hing. Dieser Anblick grub sich in sein Gedächtnis, und er wusste, dass er nie wieder sie oder eine ihrer Freundinnen besuchen würde.

Da er schon zwei Drittel seiner schlechten Gewohnheiten abgelegt hatte, änderte sich unmerklich sein Lebensstil. Er gewann Spaß an seiner Arbeit und vermehrte nach und nach den ererbten Besitz. Er gewann neue Freunde und fühlte sich wohl in ihrer Gesellschaft. So konnte es nicht ausbleiben, dass er sich in die kluge und charmante jüngere Schwester eines Freundes verliebte und sie einander heirateten.

Doch das Schicksal hatte bald eine erste Probe für ihr junges Glück bereit: Drei Monate nach der Hochzeit musste er sich auf eine langwierige Auslandsreise begeben, eilte von Ort zu Ort und kehrte erst nach eineinhalb Jahren zurück.

Es war im Spätsommer, als er in einer milden Nacht gegen zehn Uhr bei seinem Hause ankam. Er wollte sich voller Vorfreude auf das Wiedersehen gerade bemerkbar machen, als er durch das geöffnete Schlafzimmerfenster die Stimme seiner Frau vernahm, die zu jemandem sprach. Wie zwei Tiger sprangen ihn die Eifersucht und der Zorn an, und er wollte schon die Tür eintreten, als er sich plötzlich an das Versprechen erinnerte, das er seinem sterbenden Vater gegeben hatte. Und so ging er unter Schmerzen und großer Bedrängnis fort, nahm sich ein Zimmer im nächsten Hotel und kämpfte die ganze Nacht mit seinen entsetzlichen Empfindungen.

Am nächsten Morgen ging er gefasst, sich mühsam beherrschend, zu seinem Haus, zog die altehrwürdige Klingel und wartete mit bebendem Herzen.

Der Riegel wurde zurückgeschoben, die Türe öffnete sich einen Spalt, wurde dann mit einem Freudenschrei weit aufgerissen, und seine Frau warf sich in seine Arme. Das verschlug ihm zunächst die Sprache, und er ließ sich an ihrer Hand ins Haus führen. Da trat ihm lachend seine Schwiegermutter entgegen, die ihm ein hübsches Baby entgegenstreckte.

„Wessen Kind ist das?", stammelte er.

„Du Dummer", tadelte ihn seine Frau, „das ist dein Sohn, von dem ich dir in vielen Briefen schrieb!"

„Aber ich habe keine Post erhalten, da ich ständig unterwegs war. Und wo schläft das Kind?", fügte er hinzu.

„Bei mir, in deinem leeren Bett, natürlich, damit ich es beruhigen kann, wenn es aufwacht", erhielt er auf diese eigenartige Frage kopfschüttelnd zur Antwort.

Während der ganzen aufgeregten Freude anlässlich seiner Rückkehr wurde ihm allmählich klar, dass er in der vergangenen Nacht die Stimme seiner Frau im Schlafzimmer gehört hatte, die zu niemand anderem als zärtlich zu seinem Sohn gesprochen hatte. Umso glücklicher war er nun, dass er seine aufflammenden Gefühle beherrscht hatte.

Und im Stillen dankte er seinem Vater, der ihm das Versprechen abverlangt hatte, drei seltsame Ratschläge zu befolgen.

61 Feinfühlig

Auf seinen Stock gestützt, humpelte ein alter, fast blinder Mann zum Meister, um einen Rat von ihm zu erbitten. Da er kaum sehen und nur leise sprechen konnte, trat er sehr nahe an den Meister heran, und – ohne es zu bemerken – setzte er das spitze Ende seines Krückstocks auf des Meisters bloßen Fuß.

Der Schmerz trieb dem Meister das Wasser in die Augen, doch er unterdrückte jede heftige Bewegung und jeden Laut. Je länger der Alte sprach, sich hin und her bewegte, desto tiefer bohrte sich der Stock in des Meisters Fuß. Blut quoll heraus, der Meister wurde immer blasser, ließ sich jedoch dem Alten gegenüber seine Qual nicht anmerken.

Er sprach langsam und freundlich mit dem alten Mann, fragte mehrmals nach, ob der auch alles richtig verstanden habe, legte ihm zum Abschied beruhigend die Hand auf die Schulter, und als der Alte sich unter vielen Verneigungen endlich verabschiedet hatte, kippte der Meister um.

Als er wieder zu sich gekommen war, fand er seinen Fuß säuberlich bandagiert und sich von neugierigen Schülern umgeben. Sie wollten natürlich wissen, warum er den senilen Alten nicht an seinem Verhalten gehindert hatte.

„Ich wollte seine großen Sorgen nicht um den Kummer der Unachtsamkeit vermehren", antwortete der Meister.

62 Wozu?

Eine Frau hatte, wie man so sagt, zu nahe am Wasser gebaut: Ununterbrochen war sie am Weinen. Sie verbrachte ihr Leben schier aufgelöst in Tränen. Sie weinte so lange und so viel, dass sich ihre Augen stark entzündeten, was sie noch mehr weinen ließ.

Der Arzt wurde geholt.

„Frau, ich kann dir nur helfen, wenn du mir eines versprichst", sagte der Arzt.

„Was soll ich versprechen?", schluchzte die Frau.

„Höre endlich auf zu weinen! Sonst kann ich deine Augen nicht retten!"

„Aber", heulte die Frau, „wozu sind Augen denn da, wenn nicht zum Weinen?"

63 Betrachtungsweise

Der Meister besuchte eine Frau, die, weil sie niemals aufhörte zu klagen und zu weinen, im Dorf nur „Weinendes Weib" genannt wurde. Er fragte sie, was ihr denn so großen Kummer bereite, dass sie immerwährend weinen müsse.

„Ich habe zwei Töchter", erklärte sie schluchzend. „Ich liebe sie über alles. Die ältere stellt Regenschirme her und die jüngere Sandalen. Wenn aber die Sonne scheint, kann meine ältere Tochter keine Regenschirme verkaufen, und das deprimiert mich so sehr, dass ich weinen muss. Und wenn es regnet, kann meine jüngere Tochter keine Sandalen verkaufen, und das bringt mich zur Verzweiflung. Nie ist es richtig, immer nur Nachteile und Verluste. Darum haben meine Sorge und meine Klage kein Ende."

„Das Problem ist nicht das Problem. Dein Problem ist deine Betrachtungsweise", sagte darauf der Meister. „Wie wäre es, wenn du dich darüber freust, dass deine Tochter bei Sonnenschein Sandalen verkaufen kann, und du dich wiederum freust, dass deine andere Tochter bei Regen ihre Schirme verkauft. So hast du Grund, dich immer zu freuen."

Für die Nachbarn war es schon erstaunlich, welche Verwandlung sich allmählich vollzog. Bald nannten sie das „Weinende Weib" nur noch die „Lachende Lady".

64 Eingesperrt

Es ist überliefert, dass der weise König Salomo die Sprache der Vögel verstand. Einst kam ein Mann zu ihm, der eine Nachtigall in einem goldenen Käfig hielt.

„Seit drei Jahren habe ich diese Nachtigall, die eine Freude meiner Tage ist", berichtete er dem König. „Unermüdlich sang sie Tag und Nacht und zum Dank für ihre Lieder ließ ich es ihr an nichts fehlen. Immer sorgte ich dafür, dass sie frisches Wasser und gute Nahrung hatte, dass sie sich im kühlen Schatten aufhalten konnte und keine Katze ihr zu nahe kam. Doch nun singt sie seit zwei Wochen nicht mehr, und ich bin ganz verzweifelt."

Nach dieser Rede hörte der König, was die Nachtigall ihm zu sagen hatte.

„Mein Verlangen nach einem schmackhaften Köder trieb mich einem Vogelfänger in die Falle. Er verkaufte mich an einen Händler, der zog von Ort zu Ort, bis mich endlich dieser Mann erwarb. Zwar setzte er mich in einen schönen Käfig, doch ich war nach wie vor gefangen, und so hörte ich nicht auf zu klagen, weil ich meine Freiheit einer Laune wegen verloren hatte. Die Menschen jedoch hielten die Trauer über meine Gefangenschaft und meine Sehnsucht nach Freiheit für den Ausdruck meiner Freude und Dankbarkeit darüber, in einem goldenen Käfig sitzen zu dürfen und von ihnen versorgt zu werden.

Weil ich nur an meinen Schmerz dachte, waren mir diese Gedanken nicht in den Sinn gekommen, bis sich vor einigen Tagen eine Lerche auf meinen Käfig setzte und sagte: ‚Höre auf zu klagen! Denn nur deiner Klagen wegen hält man dich gefangen!' Schnell flog sie weg, und ich habe seit dem Augenblick keinen Laut mehr von mir gegeben. Und will es nicht tun, solange ich gefangen bin."

König Salomo erzählte dem Besitzer des Vogels, was die Nachtigall ihm berichtet hatte. Bekümmert öffnete der Mann die Käfigtüre und sagte: „Was soll ich mit einer Nachtigall, die nicht singt?"

Die Nachtigall entfloh ihrem Käfig und flog zum Fenster hinaus. Sie ließ sich auf einem nahen Baum nieder und sang das Lied ihrer neuen Freiheit. Und dem Manne schien es, als hätte sie nie schöner gesungen.

65 Wahrnehmung

*M*üde und erschöpft setzte der Wanderer einen Schritt vor den anderen. Längst war die Nacht hereingebrochen, und die Herberge war noch weit entfernt.

Plötzlich tanzte ein Lichtlein vor ihm her, und im Auf und Ab und geschwinden Kurven erkannte er, dass ein Glühwürmchen ihm leuchtete. Da wurde ihm leichter ums Herz, und er fragte: „Sage mir, Glühwürmchen: Warum glühst du nur im Dunkel?"

„Ihr Menschen seht uns nur, wenn es dunkel um euch ist. Doch wir leuchten immer. Wenn ihr im Lichte seid, nehmt ihr uns nicht wahr. Und wir vermögen nichts gegen die Sonne."

66 Weiterleben

Zwei Jahre nach der Geburt ihrer Tochter hatte die junge Mutter Zwillingsbrüder empfangen, die in ihrem Schoß heranwuchsen. So wie ihre Körper sich entwickelten, wuchs auch ihr Bewusstsein, und sie bemerkten einander. Lebensfreude erfüllte sie. „Ist es nicht wunderbar, dass wir beide leben? Uns geht es doch wirklich gut!", bestätigten sie einander.

Einige Zeit später entdeckten sie die Nabelschnur, die ihnen Nahrung gab, und sie priesen ihre Mutter, die ihr Leben mit ihnen teilte. „Wie groß muss ihre Liebe sein, dass wir an ihr teilhaben dürfen!", lobten sie einträchtig.

Die Wochen und Monate vergingen, und die beiden Brüder konnten nicht umhin festzustellen, wie sehr sie sich verändert hatten.

„Was soll das wohl bedeuten? Hast du eine Ahnung, was mit uns passiert?"

„Ich glaube, dass wir uns darauf einstellen müssen, diesen Ort zu verlassen", antwortete der Bruder.

„Nie und nimmer will ich die Geborgenheit dieser Welt verlassen", erwiderte der andere. „Wer weiß, was uns da draußen erwartet."

„Wir können nur hoffen, dass unser bisheriges Leben nicht sinnlos ist. Vielleicht gibt es ja ein Leben nach der Geburt."

„Wie soll das möglich sein? Bisher ist noch niemand hierher zurückgekommen und hat uns von einem Weiterleben jenseits von hier berichtet. Wir haben es hier so gut. Alles, was danach kommt, kann nur das Ende bedeuten."

„Nein, das kann ich nicht glauben. Wozu sollten wir begonnen haben zu leben, um mit der Geburt zu sterben? Warum sollte unsere Mutter uns nähren, wenn unser Leben sogleich vorbei sein soll? Dein Kummer hat dir dein Denken getrübt."

„Du tust, als ob du etwas wüsstest. Aber woher denn? Hast du unsere Mutter, die wir so nennen, schon einmal gesehen? Vielleicht gibt es sie gar nicht, und wir haben sie uns nur ausgedacht, damit wir erklären können, was mit uns geschieht."

So waren sie voller Fragen und Zweifel, Sorge und Zuversicht in den letzten Tagen in ihrer Höhle.

Und als die geboren wurden und in unsere Welt kamen, da schrieen sie laut. Und sie erblickten das Licht.

67 Quelle

Thomas, der Zweifler und Sucher, hatte einen Traum: Der Engel Gabriel hielt ein Buch in der Hand, und Thomas fragte, was in dem Buch geschrieben stehe.

„In dieses Buch", sagte Gabriel, „schreibe ich die Namen der Freunde Gottes."

„Hast du auch meinen Namen schon aufgeschrieben?", fragte Thomas.

„Warum stellst du mir diese Frage? Du weißt doch, dass du kein Freund Gottes bist", entgegnete der Engel.

„Es stimmt schon, dass ich kein Gottesfreund bin", gestand Thomas. „Aber ich bin ein Freund der Freunde Gottes!"

Schweigend und nachdenklich schaute der Engel auf Thomas, und dann sagte er: „Ich bin soeben angewiesen worden, deinen Namen hoch oben auf die Liste zu schreiben: Denn Hoffnung wird aus Hoffnungslosigkeit geboren."

68 Begeisterung

Großvater hatte Rheuma. Er saß in seinem Lehnstuhl und konnte sich kaum rühren. Einmal baten Besucher ihn, von seinem berühmten Lehrer zu erzählen.

Anfangs sprach Großvater bedächtig. Dann riss ihn die Erinnerung immer weiter mit sich fort. Auf einmal erhob sich Großvater etwas mühselig aus seinem Lehnstuhl, um zu zeigen, wie sein Lehrer, der große Baalschem Tow, beim Beten immer zu hüpfen und zu tanzen pflegte. Und er steigerte sich so in seine Schilderung hinein, dass er selber die Füße und die Beine hob und im Zimmer herumhüpfte und tanzte, als hätte er niemals Rheuma gehabt. Und es kam auch niemals wieder.

Ja, so soll man Geschichten erzählen!

69 Fasten

Drei Tage schon hatte der Schüler nichts mehr gegessen und nur etwas Wasser zu sich genommen.

„Wer hat dir so strenges Fasten auferlegt?", wollte der Meister von ihm wissen.

„Ich selbst", antwortete der Schüler mit matter Stimme. „Denn so versuche ich, gegen mein Ich zu kämpfen."

„Das ist schwierig", sagte der Meister und schüttelte den Kopf. „Und mit leerem Magen ist es noch schwieriger."

70 Leiden

Der Sohn war untröstlich über den Tod seines Vaters. Er jammerte, schluchzte, zerriss seine Kleider, wollte nichts essen und machte ein großes Geschrei.

„Weh mir!", rief er. „Dieser Schmerz! Es bricht mir das Herz! Solche Qualen hab ich in meinem Leben noch nicht empfunden!"

Ein Freund versuchte ihn zu trösten: „Wenn du schon klagst – was hätte wohl dein Vater zu sagen?"

71 Entsagung

Ein Vater war über seinen Sohn verzweifelt. Er glaubte seinem geliebten Sohn, den er in seinem zwar nicht sehr wohlhabenden, aber angesehenen Hause hatte aufwachsen sehen, gehätschelt und verwöhnt von den Frauen der Familie, die Pose der Entsagung und des Verzichts nicht, in der er und einige seiner Freunde sich seit einiger Zeit gefielen.

Sie hatten sich die Haare und jungen Bärte wachsen lassen, bekleideten sich nur mit einem weißen Hüfttuch, aßen nur ein wenig Gemüse und tranken klares Wasser und hatten sonst nicht mehr zu tun, als fromme Bücher zu lesen und sich in unendlichen Diskussionen zu ergehen.

Da beschloss der Vater, sich über seine Zweifel Gewissheit zu verschaffen, und schickte seinen Sohn zu einem steinreichen Verwandten, der als der Lebemann der Familie bekannt war.

Der Onkel, wohlbeleibt und gutmütig, empfing den asketischen Neffen gleich mit einem üppigen Mahl, doch weder den Fisch noch den Gänsebraten, nicht den weißen und nicht den roten Wein rührte sein Gast an, sondern begnügte sich mit etwas Gemüse und einem Glas Wasser.

Auch für die schönen Augen der attraktiven Tochter der Köchin hatte er keinen Blick, obwohl sie ihm beim Servieren heftige Avancen machte. Ebenso wenig hatte er ein wohlmeinendes Wort für den herrlichen Park, für die edlen Pferde und die chromglänzenden Fahrzeuge des Onkels. Die Schätze des Weinkellers, die Sammlungen alter Münzen, antiken Silbers und erlesener Juwelen würdigte er nicht mal mit einem müden Augenaufschlag.

Doch unverdrossen schwärmte und plauderte der Onkel weiter und lud den Neffen ein, vor dem Abendessen noch ein Bad mit ihm zu nehmen.

Das Schwimmbad nahm das ganze Erdgeschoss des Seitentraktes ein. Wie in einer Muschel aus glänzendem Marmor, schimmerte das erfrischende Wasser. Da er dem Baden nicht abgeschworen hatte, legte der junge Mann sein Hüfttuch sorgfältig gefaltet auf den Beckenrand und glitt ins Wasser. Sein Onkel ließ sich nach einigen Schwimmbewegungen auf dem Rücken treiben und steuerte mit leichten Handbewegungen auf ein schwimmendes Tablett zu, auf dem Champagner und kleine Gaumenfreuden dargeboten wurden. Jede Einladung, sich daran zu bedienen, lehnte der Neffe stumm ab.

Der Onkel ließ gerade eine von den handgemachten Pralinen im Munde schmelzen, als plötzlich Feueralarm gegeben wurde. Flammen schlugen aus einem Fenster im Haupthaus, die Hausangestellten rannten wie wild durcheinander, der Gärtner kam gelaufen und der Hausherr erteilte ihm vom Beckenrand aus Befehle, nahm noch einen Schluck Champagner und koordinierte gelassen die Rettungsmaßnahmen.

Allmählich legte sich die Panik. Die Flammen konnten eingedämmt und erstickt werden, und der Hausherr schwamm noch eine Runde, auf dem Rücken liegend.

Und wie er an den gegenüberliegenden Marmorstufen vorbeikam, saß da sein Neffe und umklammerte entschlossen sein Hüfttuch, um es auf keinen Fall zu verlieren.

72 Wurzeln

„Zum Leben zu wenig, zum Sterben zu viel", dachte sich der Mechaniker, während er sich in seinem kleinen Betrieb umschaute.

„Ich kann nicht einfach so weitermachen, wie mein alter Vater aufgehört hat. Von ihm habe ich alles gelernt, aber ich habe keine Zukunft, wenn ich meine eigenen Ideen nicht verwirkliche. Wenn ich das Präzisionsgerät für die Zwecke baue, die es nach meinem Wissen zu verbessern gilt, dann müsste es mir eigentlich möglich sein, diese Marktnische trotz der mächtigen Konkurrenz zu erobern."

Zwei Jahre dauerte es, bis er seinen ersten Prototypen zur Funktionsreife gebracht hatte. Keine freie Stunde hat er in dieser Zeit gehabt, und er war jetzt hoch verschuldet. Doch bereits auf der ersten Industriemesse konnte er so viele Aufträge entgegennehmen, dass seiner kleinen Firma die Arbeit für mehr als ein Jahr gesichert war.

Nach sechs weiteren Jahren konnte er mit seiner gewachsenen Belegschaft endlich den hochmodernen und architektonisch gelungenen neuen Firmenkomplex beziehen.

Auch wenn er Zeit seines erfolgreichen Berufslebens morgens immer als einer der Ersten das Gebäude betrat, so ließ es sich doch nicht verheimlichen, dass er dann nie den Aufzug in die obere Etage nahm, sondern hinter einer unscheinbaren Tür in einer versteckten Ecke der Empfangshalle verschwand. Auch konnte er nicht vermeiden, dass sein sonderbares Verhalten zu den aberwitzigsten Gerüchten führte: Er mache dort seinen Frühsport, er gehe in seinen geheimen Tresorraum, um seine Schätze zu zählen – waren noch die harmlosesten Spekulationen. Aber niemand aus der Belegschaft kam jemals hinter dieses Geheimnis, denn selbst seine langjährige Sekretärin wusste nichts Genaues.

An seinem fünfundsechzigsten Geburtstag zog er sich aus den Tagesgeschäften zurück und übergab seinem Sohn in einer würdigen Feierstunde den symbolischen Schlüssel zur Weiterführung des Unternehmens.

Als die Feier vorüber war und mit dem beginnenden Wochenende die Gebäude sich geleert hatten, nahm der Vater einen unscheinbaren Schlüssel von seinem Bund und sagte: „Du bist in unserem Unternehmen, das jetzt vor allem deines ist, in eine große Verantwortung hineingewachsen. Heute habe ich dir ein weiteres Gewicht auf die Schultern gelegt. Und wenn ich nicht mehr sein werde, lege ich dir damit auch das letzte auf. Damit du alle diese Belastungen und diese Verantwortung tragen kannst, will ich dir auch diesen meinen Schlüssel geben und dir mein Geheimnis, das meiner Energie und meines Erfolges, anvertrauen."

Er führte seinen Sohn zu der unscheinbaren Tür, schloss sie auf, und sie betraten einen Raum, der anspruchsloser nicht sein konnte: Da stand nur ein alter verfleckter Schreibtisch mit angestoßenem, grünen Stahlrahmen, ein schäbiger hölzerner Drehstuhl stand davor, und ein großes, speckiges Notizbuch lag auf der Platte. An der Wand hing ein alter blauer Arbeitsanzug. Das war alles. Mehr war in dem fensterlosen Raum nicht zu sehen.

„Hierher bin ich jeden Morgen gegangen und habe nachgedacht und Entscheidungen getroffen. Auch du wirst zweifellos einiges anders machen als dein Vater, um deine Zukunft zu gewinnen. Aber an jedem Tag war ich hier, um nicht zu vergessen, woher ich gekommen bin. Vergiss auch du es nicht."

73 Lösung

„Es ist doch alles vollkommen sinnlos", klagte ein Schüler. „Ich werde meinem Leben ein Ende machen."

„Das ist keine Lösung", sagte der Meister.

Nachdenklich ging der Schüler fort und kam nach einigen Tagen erneut zum Meister.

„Ich habe lange nachgedacht", sagte er. „Ich sehe ein, dass du Recht hast. Sterben zu wollen ist keine Lösung. Ich habe beschlossen zu leben."

„Das ist keine Lösung", sagte der Meister.

„Erst sagst du, Sterben sei keine Lösung. Jetzt sagst du, dass auch Leben keine Lösung sei", erregte sich der Schüler. „Was ist denn dann die Lösung?"

„Du glaubst, es gäbe eine Lösung?", fragte der Meister.

74 Kursänderung

Dichter Nebel lag über der schwer rollenden See, und auch die zunehmende Dämmerung erschwerte die Sicht erheblich. Unerbittlich schob sich das mächtige Kriegsschiff durch die Wellen, seinem geheimen Ziele zu, das nur der Admiral kannte.

„Licht! Steuerbord voraus!", meldete der Ausguck.

Der Admiral gab den Befehl, sofort folgendes Signal abzuschicken: „Sie sind auf Kollisionskurs! Empfehle Ihnen Kursänderung um 20 Grad!"

Unmittelbar darauf erhielt das Kriegsschiff eine Nachricht: „Achtung! Kurs sofort um 20 Grad ändern!"

Der Admiral war über die Meldung, die wie ein Echo seiner Aufforderung klang, ein wenig ungehalten, und er ließ zurücksenden: „Dies ist ein Kriegsschiff. Ändern Sie sofort Ihren Kurs!"

„Es wäre besser, wenn Sie Ihren Kurs sofort um 20 Grad ändern!", kam als Antwort zurück.

Nun war der Admiral sichtlich verärgert.

„Sie wissen offensichtlich nicht, wen Sie vor sich haben!", ließ er erwidern. „Wir sind das größte Schiff der Flotte, und wir fahren mit drei Zerstörern, vier Kreuzern und mehreren Begleitschiffen im Verband. Geben Sie sofort den Kurs frei, oder wir werden entsprechende Gegenmaßnahmen einleiten!"

„Größtes Schiff der Flotte", kam die Antwort, „hier ist der Leuchtturm!"

IV. Das Herz versteht's

75 Offenhalten

Der Tag der Vermählung rückte näher, und die junge Braut wurde zusehends unruhiger.

„Du musst mal raus an die frische Luft, damit du auf andere Gedanken kommst. Lass uns einen Abendspaziergang am Strand machen. Der wird dir bestimmt gut tun!", forderte ihre Mutter sie auf.

Schweigend gingen die beiden Frauen nebeneinander her, und als sie zum Strand kamen, blieben sie stehen und schauten der Sonne zu, die inmitten eines grandiosen Wolkenpanoramas im Meer versank.

„Magst du mir nicht sagen, was dich bedrückt?", fragte leise die Mutter.

Noch zögernd und nach Worten suchend murmelte die Tochter: „Ich habe plötzlich Angst vor der Zukunft. Wird unsere Liebe für ein ganzes Leben ausreichen? Muss ich nicht noch mehr lieben, um alle Sorgen und Konflikte an der Seite meines Mannes bestehen zu können? Papa und du, ihr seid doch glücklich miteinander, und ihr habt es ja auch nicht gerade leicht gehabt. Wie kann ich die Liebe in meiner Ehe so viele Jahre lang bewahren? Wie habt ihr beide das gemacht?"

Statt eine Antwort zu geben, bückte sich die Mutter und nahm Sand in beide Hände. Die rechte Hand umschloss den Sand ganz fest, und er begann, aus ihrer geschlossenen Faust zu rieseln. Je mehr sie zudrückte, desto stärker entwich der Sand seiner Umklammerung. Dann öffnete sie die Hand, in der nur noch wenige Sandkörner lagen, und auf ihrer Haut zeigten sich die Abdrücke des Sandes wie Hunderte kleiner Narben.

Die andere Hand aber hatte sie gehalten wie eine Schale. Und auch als sie diese Hand hin und her, auf und nieder bewegte, ruhte leuchtend und golden der Sand in ihrer offenen Hand.

Lächelnd sahen die beiden Frauen sich an und gingen Arm in Arm nach Hause.

76 Leicht

Ein böswilliger Mann hatte den Meister zum Essen eingeladen. Doch als der Meister zu ihm kam, schickte er ihn aus lauter Niedertracht gleich wieder fort.

Ohne ein Wort zu sagen, kehrte der Meister um. Doch er war kaum einige Schritte gegangen, da rief ihn der Mann zurück. Der Meister ging wieder hin, und der Boshafte wies ihn wieder ab.

So ging es etliche Male hin und her, und der Meister hatte noch immer nichts gesagt.

Auf einmal gab der Mann sein übles Spiel auf. Etwas, das er als die Geduld und Sanftmut des Meisters einschätzte, hatte ihn gerührt, und er bat den Meister kniefällig um Verzeihung.

„Du verstehst nichts", sagte der Meister. „So wie ich mich verhalten habe, hätte es auch jeder gut dressierte Hund getan. Wenn du ihn rufst, kommt er, schickst du ihn fort, dann geht er. Das Kennzeichen eines guten Meisters ist solches Verhalten nicht. Das war ganz leicht."

77 Souverän

Als der berühmte Schwertmeister sein Ende nahen fühlte, überlegte er, welchem seiner drei Söhne er sein kostbares Schwert übergeben sollte. Er entschied sich, mit Hilfe eines einfachen Tricks das Verhalten und die Eigenschaften seiner Kinder zu testen.

Er legte ein Kissen so auf den Türrahmen, dass es beim Öffnen der Tür herunterfallen würde. Dann rief er seinen jüngsten Sohn zu sich.

Der eilte zum Vater, öffnete die Tür, sah schemenhaft etwas herabfallen, doch bevor es ihn berühren konnte, hatte er schon sein Schwert gezogen und das Ding mittendurch gehauen. Zwar lachte er, als die Federn um ihn herstoben, doch sie alle einzusammeln fand er weniger lustig.

Nachdem er ein anderes Kissen platziert hatte, rief der Schwertmeister seinen zweiten Sohn zu sich.

Der öffnete die Tür, sah das Kissen fallen, fing es auf, trat ins Zimmer, legte das Kissen sorgfältig zur Seite und wandte sich seinem Vater zu.

Auch den ältestes Sohn testete der Schwertmeister auf gleiche Weise. Doch statt die Tür wie üblich mit leichtem Schwung zu öffnen, drückte der Älteste sie gemächlich mit dem Fuße auf, lachte herzlich, als er das Kissen fallen sah, setzte sich gelassen darauf und sagte zu seinem Vater: „Nun, hier bin ich. Was kann ich für dich tun?"

78 Grundsätzlich

Ein Bauer pflanzte einen Weinstock jener Sorte, die genießbare Trauben erst nach dreißig Jahren tragen würde.

Der Herrscher des Landes, der zufällig vorbeiritt, sprach den Landmann an. „Es scheint mir, dass du ein rechter Optimist bist, wenn du in deinem Alter einen solchen Weinstock setzt, dessen Früchte du womöglich niemals ernten wirst."

„Nun, das macht nichts", erwiderte der Bauer. „Wenn ich es nicht mehr erleben sollte, so werden meine Kinder süße Trauben pflücken und ihren Gewinn haben, so wie ich von dem ernten kann, was meine Vorfahren pflanzten."

„Ich habe verstanden", sagte der König. „Wenn es Gott gefallen sollte, dass wir beide es noch erleben, dass dein Weinstock genießbare Früchte trägt, dann schicke mir doch ein paar davon. Ich werde mich erinnern und mich freuen."

Die Zeit verging. Der Rebstock wurde gepflegt, und viele Jahre später begann er, köstliche Früchte zu tragen. Der Bauer legte die schönsten in einen Korb und brachte sie dem Herrscher. Der Regent erinnerte sich, genoss die Trauben und beschenkte den Bauern aufs reichste.

Schnell verbreitete sich die Nachricht. Da liefen alle die Unwissenden und Gierigen herbei, um Trauben für Gold zu verkaufen. „Gleiches Recht für alle!", riefen sie.

„Werft die Nachahmer, die Schleicher und Profiteure hinaus!", befahl der Herrscher. „Sie, die nichts verstanden haben und also auch nicht aus dem wahren Grund handeln, sollen mir nicht unter die Augen kommen!" Die Leute waren verärgert, schimpften über die nach ihrer Meinung erlittene Willkür, und keiner fragte nach dem wahren Grund.

79 *Verwirrt*

Ein Tausendfüßler war ganz zufrieden mit seinem Leben. Jeden Tag marschierte er auf der Suche nach Nahrung durch sein Revier, und da er ausreichend zu fressen fand und ihn noch niemand bedroht hatte, hatte er keinen Grund zur Klage.

Eines Tages fragte ihn eine alte Kröte, wie er es nur anstelle, sich mit seinen vielen Beinen nicht zu verheddern.

Da wurde der Tausendfüßler nachdenklich. Dann zog er sich verstört in seine Behausung zurück und grübelte weiter. Und weil er keine Antwort wusste, wagte er sich nicht mehr aus seinem Loch. So ging er elend zu Grunde.

80 Unwesentlich

"Meister, wenn du mir nicht erklären kannst, ob die Welt ewig bestehen wird, woher ich gekommen bin und was mit mir nach dem Tode geschieht, dann sehe keinen Grund darin, noch länger dein Schüler zu sein", klagte ein Novize.

„Habe ich versprochen, dir Antworten auf diese Fragen zu geben, und hast du mir die Fragen bereits früher gestellt?"

„Nein, wir haben darüber noch nicht gesprochen", antwortete der Schüler. „Aber das ist es ja gerade: Wenn ich auf diese Fragen keine Antworten bekommen kann, dann nützt mir doch das ganze Studium nichts!"

„Nun, dann denke über das Gleichnis nach, das ich dir jetzt erzählen werde", empfahl der Meister. „Ein Mann wurde in einem Kampf von einem Pfeil schwer verletzt. Er kriecht in den Schatten eines Baumes, und als endlich der Arzt zu ihm kommt, sagt ihm der Verletzte: ‚Ziehe den Pfeil noch nicht heraus. Ich will erst herausfinden, wer auf mich geschossen hat, wo er stand, als er mich traf, welchen Bogen er benutzte und aus welchem Holz der Pfeil ist.' Wollte der Verletzte auf diese Antworten warten, würde er in der Zwischenzeit ganz sicher sterben.

Wenn du nun der Überzeugung bist, nicht länger mein Schüler sein zu können, bevor ich dir nicht alle Rätsel der Welt entschlüsselt habe, dann wirst du ganz sicher sterben, ohne dass deine Fragen beantwortet wurden.

Um dem Pfad der Wahrheit zu folgen, brauchst du diese Fragen und ihre Antworten nicht. Sie beenden dein Leiden nicht und weisen dich nicht zum Glück. Warum sich also mit ihnen plagen und den inneren Fortschritt behindern?"

81 Tonangebend

*E*inmal erklärte der Meister:

„Der Sinn der Glocke ist ihr Ton. Einst jedoch schlich ein Dieb zur Glocke, der nur an ihrer Bronze interessiert war. Da die Glocke aber zu groß und zu schwer war, als dass er sie hätte wegschleppen können, wollte er sie in Stücke schlagen. Doch schon beim ersten Hieb erschall ein so gewaltiger Ton, dass er vor Schreck den Hammer fallen ließ und sich die Ohren zuhielt.

Dass er nicht gehört werden wollte, ist verständlich, aber sich selbst die Ohren zuzuhalten ist nur dumm."

82 Unglaublich

Einem Mann war vor kurzem die Frau gestorben, und so lebte er mit seinem Sohn allein in seinem Haus.

Eines Tages musste der Vater verreisen, und er bat eine Nachbarin, ab und zu nach seinem Jungen zu sehen.

Während er nun unterwegs war, überfiel eine Räuberbande das Dorf, stahl das Vieh und alle Güter, und wer von den Dorfbewohnern nicht niedergemetzelt wurde, der kam in den Flammen der brennenden Häuser ums Leben. Den Sohn aber verschleppten die Banditen, dass er ihnen als Sklave diene.

Nach seiner Rückkehr suchte der Vater in den Trümmern nach seinem Kind. Vom Leid erschüttert, glaubte er, in dem verkohlten Körper eines Jungen seinen Sohn zu erkennen, und begrub ihn mit gebrochenem Herzen.

Der Mann baute sein Haus wieder auf, kümmerte sich um seine Felder, und doch verließ ihn nie die Trauer um seinen toten Sohn.

Nach drei Jahren gelang es dem Jungen, der Gewalt der Banditen zu entfliehen. Auf gefahrvollen Wegen kam er eines Nachts zu Hause an und klopfte an die Tür.

„Vater! Ich bin es, dein Sohn!", rief er.

„Scher dich fort! Ich habe keinen Sohn mehr. Er ist in den Flammen umgekommen", antwortete von drinnen die Stimme, an der er seinen Vater erkannte.

Da fing er an zu weinen und bettelte um Einlass. Der Vater, gefangen in seiner Trauer, rief nur: „Verschwinde endlich und lass mich allein!"

Enttäuscht und erschöpft gab der Junge schließlich sein

Bemühen auf und dachte, dass es wohl besser wäre, am Morgen wieder herzukommen.

Er legte sich in eine Hausecke, und nach wenigen Stunden Schlaf klopfte er erneut an die Türe seines Vaterhauses. Er rief und flehte, doch der Vater, in der Meinung, dass ihm jemand aus dem Dorfe einen üblen Streich spielen wollte, gab nicht nach.

„Lass mich endlich in Ruhe und mach, dass du wegkommst", entgegnete er ein ums andere Mal.

Da gab der Sohn seine Hoffnung auf, ging fort von seinem Vaterhaus und kehrte nicht mehr wieder.

Nachdem er diese Geschichte erzählt hatte, sagte der Meister: „Viele sind so verblendet und engstirnig, so überzeugt und voller Vorurteile, dass sie auch dann ihre Türe nicht öffnen werden, wenn die Wahrheit selber um Einlass bittet. Sie werden sie nicht hereinlassen."

83 Kreuzschmerzen

Eine alte Legende berichtet von einem Menschen, der ständig mit Gott haderte, weil der ihm ein so schweres Schicksal auferlegt hatte.

„Mein Kummer, meine Sorgen, meine Schmerzen, meine Trauer – das alles bedrückt mich so, das belastet mich so sehr, ich kann es nicht mehr ertragen", jammerte er immerzu. Sein Herz und sein Denken waren erfüllt von Klagen, und er flehte zu Gott, dass er ihm doch die Last ein wenig erleichtern möge.

Da erbarmte sich der Herr und führte ihn in einen riesigen Saal, in dem Kreuze ohne Zahl, in allen Größen und Ausführungen aufgestellt waren, eines für jeden Menschen.

„Suche dir eines aus, das dir angenehmer ist, und ich will es gerne tauschen. Aber du hast nur einmal die Wahl", sprach der Herr, und der Mensch sah sich suchend um.

Gleich bemerkte er ein ziemlich kleines Kreuz, doch als er es aufheben wollte, konnte er es kaum bewegen, denn es war noch schwerer als Blei. Dann prüfte er ein langes und dünnes Kreuz, das war zwar leichter, doch er stieß überall an, und er fühlte sich gleich wie eingesperrt. Darum nahm er ein mittelgroßes Kreuz auf seine Schulter, welches zunächst ganz erträglich schien. Doch wie er es auch zurechtrückte, ständig bohrte sich ihm ein schmerzhafter Dorn in den Nacken. So probierte er, ein Kreuz nach dem anderen zu tragen, doch immer zeigten sich neue Unannehmlichkeiten.

Da nun nichts geeignet schien von all dem, was sich ihm auf den ersten Blick darbot, begann er, an den Rändern zu suchen. Und etwas verdeckt von anderen Kreuzen fand er eines, das ihm irgendwie zusagte. Er nahm es auf und war überrascht, dass es wie maßgeschneidert zu ihm passte: Es war nicht bleischwer, er stieß nirgends an, kein Dorn stach in seinen Nacken. Es spürte es schon, aber er war sich gewiss, es tragen zu können. Und als er es genau ansah und befühlte, stellte er fest, dass es sein eigenes war, sein Kreuz, das er bisher getragen hatte.

84 Getragen

„Meister", sagte der Schüler, „ich erbitte deinen Rat, denn es fällt mir schwer, mich auf eine Sache länger zu konzentrieren. Ständig möchte ich etwas anderes machen, als ich gerade tue, und an etwas anderes denken, als gerade erforderlich ist."

„Bemühe dich, ein guter Schwimmer zu werden", antwortete der Meister.

„Ich verstehe nicht. Wie kann schwimmen mir denn helfen?"

„Ein schlechter Schwimmer muss sich heftig bewegen, um sich über Wasser halten zu können. Ein guter Schwimmer wird vom Wasser getragen."

85 Schwierig

Zum Meister kam ein neuer Schüler, der erzählte, dass er auf seinen Reisen zu einem versteckten Ort im Himalaja gekommen sei. Dort lebe ein Guru, der die Begabung habe, in die Vergangenheit und in die Zukunft zu sehen. Auch habe er einige Schüler, die er in seinen Fähigkeiten unterrichte.

„Ich war sehr beeindruckt und blieb einige Zeit. Doch dann spürte ich, dass dies nicht das ist, was ich suche, und zog weiter. Nun bin ich zu dir gekommen und frage dich, welches Wissen du vermittelst."

„Was dieser Guru lehrt, beeindruckt mich nun gar nicht", sagte der Meister. „Der Weg, den ich lehre, ist sehr viel schwieriger."

„Was soll denn schwerer sein, als die Vergangenheit und die Zukunft schauen zu können?", fragte erstaunt der Schüler.

„In der Gegenwart zu leben", erwiderte der Meister.

86 Reinwaschen

*E*in besonders eifriger Schüler nahm jeden Morgen und jeden Abend ein Bad im Fluss, um sich von seinen schlechten Gedanken und seinen Verfehlungen zu reinigen.

Eines Tages sagte der Meister zu ihm: „Wenn du glaubst, dass das Wasser des Flusses deine Sünden und Schwächen abwaschen kann, müssten nach deiner Überzeugung alle Fische, Frösche und Krebse Heilige sein.

Reinigung von deinen Verfehlungen findest du nur in den Wassern der liebenden Güte, an den Ufern des Mitgefühls. Rein und klar ist dieses Wasser. Tauche darin ein und lasse dich tragen von den Wogen der liebenden Güte, dann ist auch deine Seele ungetrübt, und kein Fluss muss dich reinwaschen."

87 Ersatz

*D*er Mann, schlank und ansehnlich, stieg lässig aus seinem tollen Fahrzeug, dass natürlich auch die Blicke auf sich zog, legte sich seinen Kaschmirmantel mit leichtem Schwung über die Schulter, fuhr sich mit der Rechten einmal durch das volle schwarze Schläfenhaar, so dass seine goldene Armbanduhr und sein Ring aufblitzten, und ging mit leichtem Schritt die Marmorstufen des Hauses hinauf.

Die Leute schauten neugierig, tuschelten und fragten sich: „Wer ist dieser Mann, so elegant und reich? Er muss ein Liebling Gottes sein."

„Im Gegenteil", antwortete eine alte Frau in billigen Kleidern, „er ist nicht reich, sondern sehr arm. Denn wenn Gott sich nicht von ihm abgewandt hätte, bräuchte er nicht solche Eitelkeit zur Schau zu tragen."

88 Unverkäuflich

Ein reicher Mann war im Alter zu der Erkenntnis gekommen, dass ihm sein Wohlstand nicht die innere Zufriedenheit geben konnte, die er sich einstmals erhofft hatte. Darum übergab er allen Besitz an seinen Sohn und schloss sich einer Gemeinschaft an, die in der Einfachheit und dem bewussten Verzicht ihren Weg zur Erkenntnis suchte.

Eines Tages schickte man ihn und einen Mitbruder in die Stadt, um auf dem Markt die beiden alten Esel zu verkaufen, die der Gemeinschaft nicht mehr dienlich sein konnten.

Auf dem Markt kamen einige Kaufinteressenten herbei.

„Sind die Esel gut brauchbar?", fragte ihn einer.

„Wenn sie brauchbar wären, würden sie nicht verkauft werden!", gab er zur Antwort.

„Warum sind die Rückenfelle der Esel und ihre Schwänze am Ende so kahl?", fragte ein anderer.

„Weil sie sich nach ein paar Schritten hinlegen und wir ihnen mit der Gerte sozusagen das Fell gerben müssen, und dann ziehen wir sie am Schwanz, bis sie wieder aufstehen."

Kein Wunder, dass niemand die Esel kaufen wollte, und so gingen sie unverrichteter Dinge wieder zurück. In der Gemeinschaft wurden Fragen gestellt, und sein Begleiter erzählte, was er erlebt hatte.

„Warum hast du das gemacht? Bist du auf einmal zu dumm, Esel zu verkaufen? Du hast doch früher gute Geschäfte gemacht", empörten sich die Mitbrüder.

„Meint ihr, ich hätte meinen gesamten Besitz aufgegeben, meine Häuser und Gärten, ja sogar meine Familie, um dann wegen zwei alter Esel zum Lügner zu werden?"

89 Boten

*E*ines Nachts hatte ein armer Mann einen ungewöhnlichen Traum: Er sah, wie seine Zimmertür sich auftat und eine Gestalt, scheinbar ganz in Schwarz gekleidet, doch vom Glanze goldener Flügel umstrahlt, sich ihm näherte. In der Hand trug sie ein flammendes Schwert.

„Wer bist du, und was willst du von mir mitten in der Nacht", fragte der Mann seinen seltsamen Besucher.

„Ich bin der Todesengel, und ich bin gekommen, um dich zu holen."

„Herr, ich flehe dich an!", rief der arme Mann. „Verschone mich nicht um meinetwillen, sondern meiner kleinen Kinder wegen, deren Mutter du schon geholt hast. Gib mir noch Zeit, damit ich etwas Geld verdienen kann, um den Kindern ihr Auskommen zu sichern. Denn jetzt habe ich nichts, was ich ihnen geben könnte, und sie würden vor Hunger sterben."

„Ich will Erbarmen haben mit dir und deinen Kindern", sagte der Todesengel. „Doch wenn ich wieder zu dir komme, werde ich deine Seele mit mir nehmen, und kein Bitten und Flehen werden mich davon abhalten können. Sei dessen gewiss!"

„Ich danke dir für deine Güte", seufzte der Witwer. „Doch sei auch so barmherzig, mir einen Boten zu schicken, der dich ankündigt, damit ich mich auf dein Kommen vorbereiten kann und nicht wie heute plötzlich von Todesangst ergriffen werde."

Das sagte der Engel ihm zu, steckte sein Schwert in die Scheide und entschwand.

Von nun an arbeitete der arme Mann hart und brachte es allmählich zu etwas Wohlstand, so dass seine Kinder die Schule besuchen und Berufe erlernen konnten. Seinen Traum vom Todesengel hatte er längst vergessen. Er verheiratete seine Kinder und schaukelte schon zwei Enkel auf den Knien, als er unheilbar erkrankte. Er lag in seinem Krankenbett, als mit einem Mal der Todesengel mit dem flammenden Schwert vor ihm erschien.

„Warum bist du denn so plötzlich zu mir gekommen? Wie ich mich jetzt erinnere, hattest du mir doch versprochen, rechtzeitig einen Boten zu mir zu schicken, der mir dein Kommen ankündigt", klagte der Alte.

„Ich habe nicht nur einen Boten zu dir geschickt, sondern sieben", antwortete der Engel des Todes.

„Sieben? Ich habe keinen einzigen bemerkt!"

„Ja, so seid ihr Menschen. Ihr glaubt, wenn ihr die Boten ignoriert, trifft auch das Ereignis nicht ein. Doch hier bei dir sind alle Boten nun versammelt."

Er wies auf die Augen des Mannes und sagte: „Der erste Bote, den ich dir sandte, war deine nachlassende Sehkraft. Der zweite Bote ist dein schwächeres Hören. Der dritte Bote hat nach und nach deine Zähne eingesammelt. Der vierte Bote hat dein ehemals schwarzes Haar weiß gefärbt. Der fünfte Bote hat deine schlanke Gestalt gebogen. Der sechste Bote hat dir einen Krückstock gebracht, weil deine Beine dich alleine nicht mehr tragen wollten. Und der siebte Bote hat dir deinen Appetit genommen, denn dir schmeckt kein Bissen recht. Sieben Mal bin ich deutlich angekündigt worden. Sage nun nicht, du habest nichts bemerkt. Und nun bin ich selber zu dir gekommen."

Und der Engel des Todes hob sein Schwert.

90 Fürsorge

Es war Winter geworden. Die Familie hatte sich abends im Wohnraum zusammengefunden, wo der Kaminofen seine behagliche Wärme ausstrahlte. Wie immer saß abseits der Großvater zusammengesunken in seinem Lehnstuhl, und niemand schenkte ihm Beachtung. Man hatte es sich angewöhnt, ihn nicht öfter anzuschauen, als unbedingt nötig, um sich durch sein Dahinwelken die gute Laune nicht verderben zu lassen.

Nur der älteste Sohn der Familie schien keine Scheu vor dem gnadenlosen Wirken des Alters zu haben. Seine liebevollen Erinnerungen an Großvaters zärtlicher Zuneigung zu ihm, an seine Geschichten aus der Vergangenheit, an die Spaziergänge an seiner Hand und an manche gemeinsamen Geheimnisse, die Großvater mit einem Augenzwinkern zu bewahren wusste, erfüllten sein Herz. Und darum war er der einzige in der Familie, der bemerkte, dass Großvater vor Kälte zitterte.

„Dem Großvater ist's kalt. Hast du nicht eine Decke für ihn?", fragte er.

„Ich hab hier keine Decke", sagte mürrisch der Vater hinter seiner Zeitung. „In der Garage liegt noch eine alte, die kannst du nehmen."

Der Sohn holte die Decke und breitete sie auf dem Boden aus. Mit einer Schere schnitt er sie mittendurch.

Verwundert sah der Vater hinter seiner Zeitung hervor. „Was soll das? Warum schneidest du die Decke in zwei Teile?"

„Die eine Hälfte ist für Großvater", antwortete sein Sohn, „und die andere Hälfte ist für dich. Die gebe ich dir dann, wenn du einmal so alt bist wie er."

91 Lebenslauf

Ein Spekulant konnte sich zwar alles leisten, doch war er auch davon überzeugt, dass er mit all seinem Geld die Antwort auf die Frage nach dem Sinn des Lebens nicht würde finden können.

Er hatte zahlreiche spirituelle Bücher gelesen, hatte Seminare und Vorträge besucht und so eines Tages von einem uralten weisen Mann erfahren, der in einer Höhle im Himalaja lebt und das Geheimnis des Lebens kennt.

Der Spekulant verkaufte und verschenkte seinen gesamten Besitz und machte sich mit einer vagen Ortsbeschreibung auf den Weg nach Tibet, um den weisen Einsiedler zu suchen. Monatelang war er in einsamen Bergregionen unterwegs, kämpfte sich durch Schnee und Eis und gelangte schließlich in fünftausend Meter Höhe zu der Höhle, in der halbnackt der Einsiedler hauste.

Endlich am Ziel, stellte er ohne weitere Umschweife dem Alten sofort die Frage: „Sag' mir, was ist das Leben?"

Der Einsiedler dachte eine Weile versunken nach.

„Mein Sohn, das Leben ist ein langer Fluss, der mit der Geburt beginnt ..."

„Spar dir diesen Schwachsinn!", schrie der Spekulant. „Meinst du, ich hätte mein Hab und Gut verschenkt und entsetzliche Strapazen und Entbehrungen auf mich genommen, um mir solch abgedroschenes Geschwätz anzuhören, dass das Leben ein langer Fluss sei?"

Erschrocken wich der Einsiedler zurück, riss die Hand vor den Mund und die Augen weit auf und stammelte: „Wie, das Leben ist kein langer Fluss?"

92 Unabhängig

*I*n einer schönen Mondnacht saßen zwei Japaner im Garten und lauschten dem Gesang einer Nachtigall.

Als die liebliche Melodie verklungen war, sagte nach kurzer Stille einer der Männer: „Mir ist aufgefallen, dass in jeder Nacht zum Neuen Jahr die Nachtigall singt."

„Was redest du?", erklang da die Stimme der Nachtigall. „Wie soll ich wissen, wann ein neues Jahr beginnt? Ich singe, weil ich singen will. Und das ist alles!"

93 Suche

An einem schönen Sommertag hatten ein paar Freunde zusammen mit ihren Freundinnen ein Picknick veranstaltet. Sie kannten einander seit langer Zeit, doch ein Mädchen war neu in ihrem Kreis. Nach fröhlichem Essen und Trinken gab man sich einigen Spielen und anderem Zeitvertreib hin. Nur die Neue hielt sich merklich abseits, und so beachtete man sie kaum. Sie aber nutzte eine Gelegenheit, raffte ein paar herumliegende Wertsachen zusammen und verschwand.

Als der Diebstahl endlich bemerkt wurde, eilten die jungen Männer der Diebin nach. Die war jedoch längst verschwunden, und darum befragten die Verfolger einen Mann, der unter einem Baume saß, ob er die Frau gesehen habe.

„Warum sucht ihr sie?", erkundigte sich der Meister, denn er war es, den sie während seiner Rast angesprochen hatten.

Sie berichteten ihm den Vorfall. Daraufhin fragte er sie: „Was ist eurer Meinung nach wertvoller: wegen einiger Kleinigkeiten eine Frau zu suchen oder euch selbst zu suchen?"

Da setzten sie sich zu ihm unter den Baum und lauschten seinen Worten, bis es Abend wurde.

94 Befreiung

*E*ines Tages kam ein Mann zum Meister, der bei ihm Rat und Unterweisung suchte, um auf dem langen Pfad zur Erleuchtung endlich ans Ziel zu gelangen.

Der Meister wies ihn mit knappen und harschen Worten an, seine Studien unverzüglich aufzugeben und sein Haus sofort zu verlassen.

Der Besucher war kaum gegangen, als ein Schüler den Meister ziemlich entsetzt nach dem Grund für sein ungewöhnlich schroffes Verhalten fragte.

Während der Meister noch überlegte, wie er sich dem Schüler am besten verständlich machen könnte, flog ein Vogel ins Zimmer, flatterte aufgeregt hin und her und suchte nach einem Ausweg. Der Meister wartete, bis der Vogel sich erschöpft in der Nähe des offenen Fensters niederließ – und klatschte plötzlich laut in die Hände. Aufgeschreckt stob der Vogel davon, direkt in die Freiheit.

„Mein Händeklatschen wird für den Vogel wohl wie ein Schock gewesen sein", sagte der Meister, „vielleicht wie mein Verhalten für den Besucher."

95 Gewohnheit

Bei der Verfolgung eines Wildes kam ein Jäger in ein ihm unbekanntes, steiniges Tal. Bald darauf stieß er auf ein Schild, auf dem in großen, handgemalten Buchstaben zu lesen war: Steine essen verboten!

Verwundert über dieses außergewöhnlich Verbot suchte der Jäger nach weiteren Hinweisen und kam schließlich zu der Höhle eines Einsiedlers.

„Ja, das Schild habe ich geschrieben", gab der Einsiedler zu. „Deine Verwirrung rührt nur daher, dass du ein solches Schild noch nie zuvor gesehen hast. Du findest es auch vollkommen unnötig, ein solches Verbot auszusprechen, da ohnehin kein Mensch auf die Idee käme, Steine zu essen. Nun, es ist vielleicht nur eine schlechte Angewohnheit der Menschen, keine Steine zu essen. Und es gibt sicher noch viele solcher Angewohnheiten, über die kein Mensch nachdenkt. Würden sie aber erkannt und aufgegeben werden, wären die Menschen in der Lage, ihren erbärmlichen Zustand zu überwinden."

96 Erkenntnis

"Sage mir, Meister, was ich tun muss, um zu Gott zu gelangen", bat ihn der Schüler.

"Um Gott erreichen zu können, musst du zwei Dinge wissen: Erstens, dass all dein Streben vergebens sein wird."

"Und außerdem?"

"Zweitens, handle stets so, als ob du Ersteres nicht wüsstest", empfahl ihm der Meister.

97 Wissen

Ein Intellektueller fragte den Meister:
„Kennst du eine Wahrheit, die von allen Lebewesen anerkannt und bestätigt wird?"
„Wie sollte ich die kennen?", sagte der Meister.
„Weißt du zumindest, dass du sie nicht kennst?"
„Wie sollte ich das wissen?"
„Also wissen die Menschen eigentlich nichts?"
„Wie sollte ich das wissen?"

98 Echt

Eines Tages wurde der Meister in das Haus einer reichen Frau geladen. Nachdem sie Tee getrunken hatten, führte die Gastgeberin den Meister in einen großen Raum, der über und über mit Blumen geschmückt war. In prächtigen Bouquets und in großen Pflanztöpfen waren Blumen in opulenter Fülle arrangiert, und ein betörender Duft erfüllte die Luft, so, als würden alle Blumen zur gleichen Zeit blühen.

„Ich möchte dir ein Rätsel stellen", sagte die Dame. „Wenn du es löst, will ich den Armen im Ort eine stattliche Summe spenden. Von allen Blumen, die du hier siehst, ist nur eine einzige echt. Diese Blume sollst du möglichst rasch finden."

Nun war es nicht gerade im Sinne des Meisters, solche Spiele zu spielen, doch um der Armen willen wollte er sich schon anstrengen. Und es reizte ihn auch, die Wahrheit über die künstlichen und die natürlichen Dinge zu enthüllen. Er sah sich einige Blumen genauer an und war sehr erstaunt, wie optisch perfekt geschickte Handwerker die künstlichen Blumen der Natur nachgebildet hatten. Es würde Stunden, wenn nicht Tage dauern, jede einzelne Blume zu überprüfen. Da kam der Meister schon ein wenig ins Schwitzen.

„Es ist sehr warm hier", wandte er sich an seine Gastgeberin. „Lass doch bitte die Fenster öffnen. In frischer Luft denkt's sich leichter."

Die Fenster wurden geöffnet.

Einige Minuten später ging der Meister geradewegs auf eine Blume zu und sagte: „Dies ist die wahre Blume."

„Aber wie konntest du das wissen?", fragte die Dame in höchstem Erstaunen.

„Es ist nicht immer leicht, als ein Meister zu gelten und weise genannt zu werden. Noch viel schwieriger ist es, eine Biene zu sein und unbeirrbar das Echte zu finden – so wie dieses Bienlein, das geflogen kam und sich auf die Blüte dieser Blume setzte. Doch am schwierigsten ist es, eine echte Blume zu sein."

99 Argument

Ein junger Mann kannte in seiner Nachbarschaft einen alten Herrn, der ununterbrochen las. Eines Tages sprach er ihn an: „Ich sehe dich Tag und Nacht über deinen Büchern sitzen. Sage mir, warum liest du andauernd?"

„Ich lese, um in den Himmel zu kommen", antwortete der Alte.

Einige Jahre später – der alte Nachbar war längst gestorben – machte sich der Mann selber auf die Suche nach der Wahrheit. Er las und studierte viel, ließ sich unterweisen, machte gute und schlechte Erfahrungen, und doch führte ihn seine Meditation eines Tages zur höchsten Erkenntnis.

Und in seiner Offenbarung sah er den Alten aus seiner Jugendzeit wieder.

„Du bist also im Himmel", sprach er ihn an, „wie du es dir erhofft hast. Aber wie ich sehe, liest du immer noch."

„Ja, ich lese immer noch."

„Während deines irdischen Lebens hast du nur gelesen, im Himmel machst du auch nichts anderes, du liest wohl nur, um des Lesens willen, vermute ich."

„Ganz recht", sagte der Alte. „Aber jetzt verstehe ich, was ich lese."

100 Lehre

Jeden Morgen sprach der Meister zu seinen Schülern über Demut und Güte, Nächstenliebe und Entsagung und andere Aspekte des geistigen Lebens.

An diesem Tag wollte er gerade mit seinem Vortrag beginnen, als draußen vor dem geöffneten Fenster eine Lerche ihr Lied erschallen ließ. Alle hörten ihr zu, und als der letzte Ton verklungen war, stand der Meister auf und sagte: „Für heute ist die Unterweisung beendet."

*Die Erstausgabe dieses Buches hatte den Titel
„Vitamine für die Seele" (2004).*

In gleicher Ausstattung erschienen:

Norbert Lechleitner
Balsam für die Seele
201 überraschende Weisheitsgeschichten,
die jeden Tag ein wenig glücklicher machen
ISBN 978-3-451-29586-7

Norbert Lechleitner
Oasen für die Seele
100 überraschende Weisheitsgeschichten,
die jeden Tag ein wenig leichter machen
ISBN 978-3-451-29007-7

Norbert Lechleitner
Flügel für die Seele
100 überraschende Weisheitsgeschichten,
die jeden Tag ein wenig beschwingter machen
ISBN 978-3-451-29832-7

Umschlaggestaltung: Hermann Bausch, Freiburg i. Br.

Alle Rechte vorbehalten – Printed in Germany
© Verlag Herder Freiburg im Breisgau 2007
www.herder.de
Satz: Layoutsatz Kendlinger
Druck und Bindung: fgb · freiburger graphische betriebe 2007
www.fgb.de
Gedruckt auf umweltfreundlichem, chlorfrei gebleichtem Papier

ISBN 978-3-451-29674-1